十六世紀ルーアンにおける祝祭と治安行政

永井 敦子
NAGAI Atsuko

論創社

十六世紀ルーアンにおける祝祭と治安行政

目次

装幀　佐藤　俊男

ルーアンの都市図（ベルフォレ、1575 年）

図最下部の説明によれば、図中のアルファベットおよび数字は以下を示す。

主な建物
A　ノートル・ダム大聖堂
B　高等法院
C　城塞
D　古い宮殿
E　大時計
F　聖マクルー教会
G　聖ロー修道院
H　聖ウーアン修道院
I　聖ウーアン修道院の中庭
K　聖十字架
L　聖マルク広場
M　フランシスコ会（コルドリエ）
N　カルメル会
O　ルネルの聖マルタン教会
P　旧市場
Q　新市場
R　子牛市場
S　ノートル・ダム・ド・ラ・ロンド教会
T　大市場の古い塔
V　聖マクルー墓地
X　ロベック川
Y　ロベック橋

主な通り
a　橋通り
b　コーショワーズ通り
c　マルタンヴィル通り
d　マドレーヌ通り
e　聖ドニ通り
f　グロス・ブテイユ通り
g　ガントリ通り
h　聖ヴィヴィアン通り
i　コメ通り
k　聖ゴダール通り
l　エコス通り
m　ルージュマール広場
n　マルクリ通り
o　石十字架広場
p　聖ニケーズ通り
q　（判読不可能）
r　ノートル・ダム通り
s　クロット通り
t　アウグスティノ会（オーギュスタン）通り
u　カランド広場
x　聖アンドレ通り
y　屠殺場通り
z　コルドリエ通り
2　エストラード
3　アンクリエール通り
4　メリエ通り
5　ヴィコント府通り
6　エルブリ通り
7　監獄通り
8　聖クロワ・デ・ペルティエ通り
9　エキュイエール通り
10　ルネル通り
11　ペシュリ通り
12　（通り rue のみ）
13　グロ通り
14　マルケ通り
15　エトゥーペ通り
16　聖ローラン通り
18　ボーヴォワジーヌ通り
19　エペ通り
20　聖ニケーズ通り

市門
21　コーショワーズ門
22　マルタンヴィル門
23　聖イレール門
24　鳩小屋の塔
25　ブーヴルイユ門
26　ボーヴォワジーヌ門

市城外
27　河岸
28　マルタンヴィル街道
29　沼地
30　パリ街道
31　聖ポール教会
32　聖ミシェル堡塁
33　聖カトリーヌ修道院
34　聖カトリーヌ堡塁
35　ブーヴルイユ分岐
36　ガット谷
37　ジュスティス丘
38　ギョーム丘
39　ビュラン森
40　フォリ小塞
41　ブーヴルイユ
42　モン・ト・マラード修道院
43　聖モ街道
44　コーショワーズ城外区
45　橋
46　セーヌ河
47　ガレー船用の水域
48　聖スヴェール城外区
（49　説明なし）
50　ヴァレ島
51　グランモンの原
52　ボン・ザンファン通り
53　（判読不可能）

A Noſtre Dame.
B Palais du Roy.
C ie Chaſteau.
D le vieux palais.
E l'horloge.
F ſaint Maclou.
G ſaint Lo.
H ſaint Ouen.
I la court S. Ouen.

K ſainte Croix.
L ſaint Marc.
M les Cordeliers.
N les Carmes.
O ſaint Martin ſur Renelle.
P vieux marché.
Q neuf marché.
R marche aux veaux.

S Noſtre Dame de la Ronde.
T vielle tour grãd marché.
V L'eſtre S. maclou
X riuiere de Robec
Y pont de Robec.

Les Rues.

a grand rue du põt
b rue cauchoiſe.
c rue Martin-ville.
d rue de la Magdelaine.
e rue ſaint Denis.
f rue de la groſſe boutaille.
g ganterie.

h rue ſaint Viuien.
i les coſmaies.
k rue ſaint Godard
l rue d'Eſcoſſe.
m rogemarre.
n la marequerie.
o Croix de pierre.
p rue S. Nicaiſe.
q

r rue noſtre Dame
ſ rue des crottes.
t rue des Auguſtins
u la calandre.
x rue ſaint André.
y rue machacre.
z rue des Cordeliers.
1 l'eſtrade.

3 rue encriere.
4 rue du meurier.
5 rue de la Vicõté.
6 rue de l'herberie
7 rue de la priſon.
8 rue ſainte Croix des pelerins.
9 rue c[illegible]e.

10 rue de la renelle
11 rue perchere.
12 rue
13 rue de la gloe.
14 rue des marquets.
15 rue eſtoupee.
16 rue S. Laurens.

18 rue be
19 rue d
20 rue S
Les P
21 porte
22 porte ville
23 porte

謝辞

母校である北海道大学で出会ったすべての先生方、先輩・友人・後輩の皆様に、
また現在まで勤務している静岡文化芸術大学の同僚・元同僚の皆様、卒業生と学生の皆様に。
学会にデビューする際に、フランス国制史研究会での拙い発表を聞いてくださった故二宮宏之先生、
ならびに研究会でご縁があった皆様に。
フランスでの史料収集に便宜を図ってくださったロベール・ミュシャンブレ先生に。
ルーアンで温かくおもてなしくださったマルク・ヴナール先生と奥様に。
そして親愛なるジャン＝フランソワとジスレーヌ・デュシュマン一家の皆様に。
独立行政法人日本学術振興会には、かつて特別研究員に採用されて史料収集の経済的基盤を与えられたことと、
本書出版にあたり平成二十三年度科学研究費助成事業（科学研究費補助金（研究成果公開促進費））を受けている
ことに。
最後に、我が家族に、とりわけ亡き祖父・竹森健夫に。
感謝をこめて。

十六世紀ルーアンにおける祝祭と治安行政

序章

フランス史において十六世紀は、まず戦乱の時代であった。十五世紀末からシャルル八世、ルイ十二世（在位一四九八―一五一五）、そしてフランソワ一世（在位一五一五―四七）の三代の国王がイタリアへの侵入を繰り返し、特にフランソワ一世はハプスブルク家の皇帝カール五世という強力な敵対者と争った。この対外戦争がアンリ二世治世（一五四七―五九）の一五五九年に終結すると、ほどなく宗教戦争（ユグノー戦争、一五六二―九八）すなわち内乱の時代となる。その内乱の最中に、血統による王位継承順位にしたがって、ナヴァール王アンリがフランス王アンリ四世（在位一五八九―一六一〇）として即位した。もともとユグノーであった彼はカトリックに改宗して妥協をはかり、戦争を終結させた。

アンリ四世に始まるブルボン朝においてフランス絶対王政は最盛期を迎えるが、それ以前のヴァロワ朝期にも絶対王政に至る諸改革をみることができる。例えばフランソワ一世は「ルネサンス的君主」として宮廷芸術を保護し、内政改革に着手した。続くアンリ二世は、司法機関としては上座裁判所 siège présidial、財政機関としては国庫財務府 Trésor de l'Epargne に代表されるような王国の新しい諸機関を、地方にも中央にも確立した。したがって十六世紀は絶対王政に至る過程の一つ、あるいはいくつかの段階と捉えることができる。近年、この時期を「絶対王政の確立期 l'affirmation de l'Etat absolu」と位置づけ、この時期に固有の国制を示す呼称として「ルネサンス王政 Renaissance monarchy」または具体的に「諮問的王政 monarchie consulative」などが用いられるようになった。(1)「諮問的」とは、国王が重要な決定をおこなう際に全国三部会を開くなどして、国内の合意 consensus を獲得しなければならなかったという状況を示している。そのために国王が頻繁に国内を移動して、行く先々で対話 dialogue を交わし、また入市式 entrée などの儀礼を通じて国王と地方との関係を維持・強化していた点も、この時期の王政の特徴として挙げられよう。(2)

十六世紀フランス王政のなかで、このように直接対面して支配・被支配関係を確認する手続きは、国王と地方諸機関だけでなく、都市における諸機関・各人のあいだでも頻繁にみられる。国王入市式においては、多数の都市民が参加することによって国王と都市との関係が確認されたのみならず、都市民のあいだの、身分・役職・所属団体あるいは居住地・職業による序列が明らかにされた。そのほかにもさまざまな機会に、都市当局、有力な都市民団体あるいは教会の主導で大規模な祝祭が挙行され、そこで都市民が序列化されて参加するか、または序列のなかに位置を与えられなくても見物人となることを期待された。しかし、こうした大規模な都市祝祭 fête civique は十六世紀後半以降に減少し、参加者の規模の点でも縮小していく。国王が絶対王政期には地方に対して官僚と軍隊の組織、あるいは特権を与えた諸社団を結節点とする支配体制をつくりあげた一方で、自らは宮殿にとどまるようになっていったとするならば、都市における大規模な祝祭の衰退は、都市行政のどのような変化と連動していたと捉えられるであろうか。(3)

筆者の仮説は、都市における治安行政 police の深化を都市祝祭の衰退と関連づけるものである。すなわち、当局が都市の秩序と共同性を表明し受容させる手段が、十六世紀後半に都市祝祭から治安行政に移行したのではないかというものである。この仮説にそって、具体的にはノルマンディの中心都市ルーアンを例にとりあげ、ほぼ十六世紀を覆う、イタリア戦争の勃発からアンリ四世治世まで(一四九四—一六一〇)の、都市行政と祝祭について検討する。

以下、第一章では近世国制史を中心として社会経済史・文化史にも目配りしつつ、近世初頭の都市に関するこれまでの研究の主要な論点を整理し、政治的象徴儀礼としての都市祝祭が求められていた状況を検証していく。

第二章ではルーアンの社会経済状況と都市行政体制をまとめる。そのなかで治安行政については、宗教戦争による混乱だけでなく、それ以前から顕著であった都市民の社会的流動性のなかで、都市支配層が秩序を形成・確認する手段として治安行政を深化させた点に特に注目する。その際に治安行政の深化のプロセスとは、治安令をつうじて都市の人々の生活全般が規律化されるだけでなく、文書をつうじて都市民についての情報の掌握が進み、また法令によって規範が提示され、そうした文書と法令を作成し蓄積する側に属する諸機関と人々が、都市支配層としての権威を確立していくといった、複数のプロセスの組み合わせとして捉えられるだろう。

第三章では都市祝祭のうち、入市式、総行列 processions générales、テ・デウム Te deum と祝火 feu de joie、閲兵式 montre を具体的に検討する。これらのうち入市式・総行列・閲兵式については、いずれも十六世紀前半に規模が拡大したが、世紀後半には参加者の規模が縮小しただけでなく、祝祭の挙行を指示する諸機関が、参加者の規模についての関心を後退させ、さらに回数を減少させたと認められる。それに対して、テ・デウムと祝火の組み合わせによる国王儀礼が一五八〇年代に確立した。テ・デウムの参加者は官僚と都市行政官など小規模であり、祝火は都市民を各自の家にとどめたまま、都市参事会が都市のなかの指揮命令系統をつうじて挙行を命じるものであった。したがって、ここに都市民が大規模に動員される都市祝祭から、都市支配層と都市民とが分離される儀礼への移行が認められる。これが可能になったのは治安行政が深化したから、すなわち都市支配層が、都市全体を対象として情報を掌握し命令を出す権限を確立したためではないだろうか。これらの検討を受けて、終章で祝祭と治安行政の相関関係についての仮説の検証をおこなう。

第一章　都市史研究

1　「ルネサンス王政」と都市

(1)　背景としての社会経済状況

近世初めのフランスの経済状況を概観すると、百年戦争終結後の十五世紀後半、とりわけ十五世紀末からは好況期を迎えていた。農村部の生産力向上と人口増加によって、農村支配層である領主・地主らが地代収入の回復で富裕化し、彼らの需要拡大が都市の手工業を後押ししたのが、その一因とみられている。農村の過剰人口が都市に吸収されるいっぽう、手工業については薄手の毛織物（セイ織など）、薄手の麻織物、絹織物やタフタ織などの織物業と、金属工業、印刷業・製紙業など、新興の分野が発展した。そうした新興の織物業においては、水車使用などの機械化や数十人規模の雇用、下請け、農村工業の出現などの新しい形態がみられる。貿易面ではリヨンなどを新たな拠点として通商網が形成され、貿易の拡大が手工業の成長を後押しした。

だが、この好況期をいつまでと捉えるかは研究者によって異なるが、十六世紀半ば前後に成長の限界、さらには不況期を迎えた。リシャール・ガスコンは貿易面での成長の限界として、フランスの諸港の主な役割が外国の貿易港への中継であり、外国人商人が貿易商業を主導した点、貿易港と後背地の産業との結びつきが弱かったうえに貿易と金融の技術が未発達だった点、地理上の発見および植民への進出が振るわなかった点を挙げた。(4) 物価史研究の成果としては、好況の要因として、物価騰貴と利子率の低下により手工業の発展が促された可能性のいっぽうで、農産物価格と地代の上昇による実質賃金の低下、とりわけ不熟練労働者の賃金低下が指摘される。(5) 都市では人口の流入とともに、同業組合に包摂されない多数の住民、しかも救貧や浮浪者対策の際に問題視されるような下層民が増加したとみられる。

中世史家ベルナール・シュヴァリエは都市の経済成長の限界をもたらした要因として、同業組合による規制が「産業化の失敗」をもたらしたことと、「ブルジョワの裏切り」すなわち都市支配層の商工業に対する無関心を挙げている。(6) しかし同業組合が産業化を阻害したという指摘に対しては、近世に同業組合の枠組みが維持された点について、貿易商業の拡大と同業組合の役割強化に関連性を見出す指摘がある。すなわち「諸都市間の製品の区別や輸送に有利な標準化を求めた内外の商人が要請した」ために、「新興の農村・小都市工業においてもギルド規制は追求された」というものである。(7) フランスで十七世紀に「一元化し、監督し、それ以上に課税することに熱心な王制」によって、「同業組合の興隆」が生じたというフェルナン・ブローデルの指摘もまた、(8) 近世における同業組合の役割強化を示唆するものである。

また都市支配層が商工業による富の蓄積よりも、所領と官職の購入による貴族化を志向した背景には、貿易商業のリスクとともに、身分制と国王官僚網の拡大が挙げられよう。例えば最高諸法院の所在地となった都市においては、その官僚が抜きん出た威信と富を有する集団を形成し、その下に官職獲得を目指す法曹家や下級官僚が新たな階層を形成した。この新興の官僚・法曹層は都市行政官輩出層ともなり、旧来の都市行政官輩出層であった貿易商人に代わる都市支配層を形成した。[9] さらに宗教戦争期には貿易商業が縮小するいっぽう、王国諸機関の整備によって「行政的中核都市だけは一様に規模を拡大した」[10]ので、都市の上層民にとって官職の獲得は、リスクのある貿易商業よりも確実な身分的・経済的上昇の手段であったと言える。

以上のように十五世紀末から十六世紀にかけての社会経済状況として、都市人口の増加と社会的流動性の高まりがみられるが、同業組合など国王から特権を得た社団の枠組みはなお強固であった。また都市支配層のあいだでは、都市行政における新しい機関と国王官僚の台頭に直面して、都市当局と旧来の都市支配層が新設の機関・官僚層と利害をすり合わせた。しかし新設の諸機関・官職の増加は、それまでの都市行政体制に変更をせまることになった。

(2) 国制史と都市史研究

十六世紀フランスの都市行政体制は、「ルネサンス王政」としての国制、あるいは絶対王政に向かう国制の変化に組み込まれている。十六世紀には王国内に残っていた大諸侯領が、「裏切者」ブールボン大元帥の旧領の併合、フランス王家の結婚政策によるブルターニュの獲得と、自ら大諸侯であったアンリ四世の即位によって、ほぼ王領に回収された。

王国行政については、国王顧問会 Conseil du roi の機構整備、国庫財務府 Trésor de l'Epargne と国庫財務官職の設置、[11] 各地の最高諸法院 les cours souveraines や上座裁判所 siège présidial の設置など、王国機関の設置・機構整備・官職増設が相次いだ。最高諸法院には、高等法院 Parlement および会計法院 Chambre des Comptes、租税法院 Cours des Aides などがあり、それぞれ異なる管轄地域と、司法・財政の権限を与えられている。また十六世紀には国王の周囲に、それまでと比較にならない巨大な宮廷が出現した。[12] ただし当時の国制については「諮問的王政」という特徴が指摘されている。具体的には、国王が新しい重要な機関を設置する際などにも既存の特権 privilège を確認し、また改革をおこなうにあたって全国三部会 Etats généraux を開催、あるいは地方に行幸して、対話と合意形成につとめたのであった。(13)

こうした国王の対話の相手には各地の都市当局も含まれる。シュヴァリエは、中世末期から宗教戦争期以前までの都市に関しては、社会経済状況だけでなく、行政体制についても連続性を指摘した。それによれば都市は、中世末期から十六世紀前半にかけて、王権からの自律性を確保しつつ国王と調和的関係 entente cordiale; accord parfait を結んでおり、それゆえに「良き都市 bonne ville」という呼称を与えられていた。

都市の自律性とは、一つは軍事的自衛であり、防衛施設としての城壁と門、都市財政による城壁整備、また都市民自らによる門衛と夜警にあらわれる。もう一つは都市行政の完結性で、都市当局 corps de ville; hôtel de ville（市庁舎・市政府）の最上位の役職者が、国王直任のプレヴォ prévôt か都市民に選出された市長 maire かの違いはあれ、都市民によって選出された都市の名士からなる都市参事会 conseil de ville; échevinage; consulat が、都市の政策を実際に決定していた。シュヴァリエはまた、都市民のあいだに宗教的・文化的「合意 consensus」があり、それは都市で宗教的または世俗的な祝祭が大規模に挙行されていたことによって裏づけられるのだが、そうした合意ゆえに都市の自治と自衛の体制が維持されていたとも指摘している。(14) このような自律的な都市と国王との関係は、「諮問的王政」の具体像としてあてはまるものである。

しかし十六世紀後半、とりわけ宗教戦争期については、都市内部における宗教対立と、ユグノーまたはカトリック・リーグによる反国王蜂起などが研究においても注目を集め、都市の内部では社会経済構造などに起因する対立関係、また都市の国王とのあいだでは都市財政の破綻、国王官僚網の整備と国王から都市への軍事費要求の増加などによる都市の自律性の弱体化、さらに国王による都市の諸特権の剝奪などについて明らかにされてきた。(15) このように十六世紀半ばにおいて「良き都市」から叛乱する都市への移行が生じたとみられるのだが、その過程はこれまでの研究で必ずしも十分に検証されてこなかった。

例えばシュヴァリエは、「合意」が失われる過程としてはいくつかの局面を説明した。一つには国王が最高諸法院を整備するにつれ、国王官職と都市行政官職の獲得をめぐって法曹と商人層の争いが生じた点、また富裕層が官職と所領の獲得を志向して都市経済に貢献しなくなった点、宗教対立、富裕層と民衆の文化的乖離といった点である。その結果、シュヴァリエによれば、都市の自治と自衛の体制が動揺し、祝祭が衰退し、また治安行政が救貧などの恩恵的なものから、貧民の監視と浮浪者追放などの抑圧的なものになったと指摘される。だがこれらの局面を連関させる十分な説明はない。いっぽう宗教戦争期の都市をあつかう研究においても、十六世紀前半ないし宗教戦争以前に関しては「良き都市」としての側面に言及することが多かった。[16]

しかし一九八〇年代後半以降には、新しい文化史研究において、当時の人々にとっての表象やアイデンティティという問題が提起され、また国制史研究においては、都市と王権の関係、都市の行・財政や都市防衛などの側面に関して、新たな検証がなされつつある。そのなかで都市の自律性または都市民の合意といったものを、シュヴァリエが捉えたような所与の状況としてではなく、つくり出されるものとして捉える見方も可能になってきた。また都市それぞれの具体例に即して、都市行政体制と社会構造などを明らかにした研究が蓄積されてきた。[17] そのなかで、都市においてさまざまな機会に挙行された大規模な祝祭についても、シュヴァリエのように都市民の合意のあらわれとして捉えるのではなく、祝祭において司法・行政機関または都市民団体が、主導者または参加者としてどのように登場したか、その登場のしかたと都市行政体制とを対比しつつ、祝祭を合意をつくり出す機会として捉えることができるようになった。

2　都市行政体制

(1)　諸機関の存在

十六世紀フランスにおける都市行政体制を個別具体的に検討する際には、まずそれぞれの都市当局に特権として与えられている権限が多様であった点を指摘しなければならない。さらに有力諸侯、州総督 gouverneur、最高諸法院、バイイ bailli またはセネシャル sénéchal（国王代官）の存在などによって、それらと都市当局との権限の競合・分担関係も都市ごとに異なっていた。

ただし十六世紀以降の大きな変化として、多くの都市で王国の地方機関が設置されて国王官僚が増加し、それらの機関・官僚による都市行政への介入もまた拡大した点が挙げられる。とりわけ最高諸法院の一つである高等法院は、法規的判決 arrêt de règlement をつうじて所在する都市の治安行政 police に「穏やかで隠された介入」をおこなった。(18) またフィリップ・アモンによれば、十六世紀前半に国王と州総督などが都市に書簡や使節を送るといった動きも、あからさまな都市特権の制限ではないものの、都市行政体制に変更を加えたと捉えられている。(19)

そのいっぽうで国王は王令 ordonnance; édit の実効性を確保し、都市当局などの合意を取りつけるために、同様の命令を繰り返したり、あるいは都市に王令を送る際に、その地方で影響力を持つ高位聖職者・有力貴族・州総督・最高諸法院などに仲介させ、状況に応じて仲介者を使い分けた。その仲介となるような地方の諸機関の間では、州

総督と高等法院、あるいは高等法院と会計法院などが、都市行政に介入する際の権限分担を争っていた。(20)

(2) 都市財政

国王が十六世紀に都市行政への介入を強化した領域の一つに財政がある。(21) 近世初期には国王が都市に軍事費をしばしば要求し、それにともなって租税法院・会計法院などによる都市財政への監視を強化した。ただし国王から都市への財政負担要求は中世後期からしばしばみられた。(22) 十四—十六世紀における連続性を重視するシュヴァリエは、十六世紀においても国王が都市特権を侵害しないかたちで、つまり都市からの贈与や貸付として要求した点と、都市が国王との交渉次第で負担の減額を認められた点を強調し、「都市は自律性と(王権に対する)契約能力を確保した」と述べた。(23) シュヴァリエはさらに、国王が都市当局に軍事費を要求する際に、あわせて市債 rente の発行と新たな間接税などの徴収を認可した点を捉えて、都市当局が市債を発行し、その市債を都市の富裕層が購入し、都市の間接税徴収をつうじて市債購入者が資金を回収するとともに、都市が国王に軍事費を提供するという過程を、国王と都市との「調和的関係」として描いた。(24)

財政破綻に陥る都市があらわれ、都市民による反税請願が起こるのは宗教戦争期との見方もある。(25) これに対してアモンは、フランソワ一世が都市に軍事費を要求する際に、都市特権の確認と引き換えにする、あるいは都市の公金 deniers communs の一部または、国王によって都市当局が徴収を認められている間接税や関税の一部を要求するといった、都市特権を侵害する方法をとる場合もあったと指摘し、こうした方法が頻繁でないのは有効でなかったからだと述べた。アモンはまた、一五三〇年代には国王からの度重なる要求のために、都市と国王との関係が緊張したものになったとみている。(26)

国王が都市への財政的要求を増大させたために、かえって都市当局の徴税機能が維持・強化され、しかも都市財政の規模が拡大していると言えるかもしれない。しかし国王から都市への財政負担要求と間接税などの認可によって、都市財政のなかで国王が規定する部分は拡大した。また国王が本来権限のない財務官僚を都市に派遣して徴収させるなど、地方の諸機関の権限分担に変更を加えた例も指摘される。[27] 都市においては、市債発行と間接税徴収がともに増加すると、富裕層が都市当局への貸与をなかば強制され、多くの都市民が税をますます重く負担する結果となるであろう。国王と都市との対話にせよ、都市内部の合意にせよ、所与のものとしてではなく、こうした緊張のなかで模索されたものと捉えられる。

(3) 治安行政

都市行政のなかで治安行政 police は、国王が直接介入を強化したというよりも、高等法院などの地方機関が介入を強化した領域とされる。ところで治安行政とは、政治思想史によれば近世には、軍事・司法・徴税以外の領域である、人々の共存関係やコミュニケーションに国家が介入する行政活動を意味した。[28] ゲルハルト・エストライヒによれば、疫病対策、貧民対策、宗教的倫理、経済活動の規制、奢侈禁止などの規定を含む治安令が、当初十五―十六世紀の都市において、しばしば都市民の要求であらわれたとされる。エストライヒはまた、絶対主義時代の国家によるさまざまな生活領域への干渉を「社会的規律化 Sozialdisziplinierung」として論じたなかで、治安行政の強化を手がかりとした「社会的規律化」が進むにつれて、治安令を出す当局 Obrigkeit の権限が確立したと指摘した。[29]

治安行政の意味づけは近世において一定していなかったとされるが、治安令の内容は右に挙げたように具体的で多岐にわたる。[30] しかもアラン・ゲリーによれば、治安行政は絶対王政期には都市行政の領域を越えて、国家による公共善 bien public の体現を支えるもの、「臣民の安寧に必要な公法の領域であり、公共的有用性に貢献する法学」として捉えられるようになる。(31) 治安行政はこのように中世末期から近世初期に都市民の要請であらわれ、しかも近世に重要性を増していった、都市行政の新しい領域であった。

ロベール・ミュシャンブレによれば、中世末期のフランドル諸都市における治安行政の強化は、都市当局と教会および中央権力の関係の変化を伴うものだった。具体的には都市当局が犯罪対策および秩序維持への関心を高めたために、従来、教会が監視を担ってきた道徳的逸脱に対して、これを犯罪とみなして世俗機関が処罰を引き受けるようになった。また「盗人、不実者、あるいは危険な余所者」を周縁民 marginalité と一括して危険視するようになった。その際に都市当局は、犯罪処罰と浮浪者追放を有効に実施するために、自立性 indépendance を犠牲にしてでも、君主による都市特権の確認、さらにバイイなどによる都市行政への介入を求めたとされる。(32)

フランスにおいても、シュヴァリエによれば中世末期以来、都市環境の改善や犯罪の抑止などをめぐって「社会的規律 discipline sociale」の価値観があらわれ、都市当局、さらに国王がこれに取り組むようになったと指摘される。高等法院の介入もまたここに加えられる。高等法院は十六世紀において治安行政に介入する際に、管轄地域全体よりもむしろ所在する都市を対象として治安令を出した。(33) これらの機関による治安行政の強化の結果、都市当局だけでなく国王や高等法院などが、エストライヒのいう意味での当局の側に位置づけられ、それぞれの機関のあいだで新たな権限分担を確立した。

その際の治安行政の強化あるいは深化とは、抑圧的になるかどうかよりもむしろ、都市の秩序を維持するための情報と規範の精緻化、すなわち都市のあるべき秩序の明確化として捉えられるのではないか。なぜなら治安令の内容をみると、例えばペスト対策においては患者・家族と近隣住民、さらに医師・施療院などを対象として、すべきことと禁止されることを規定し、つまり行動規範を与えた。貧民救済においては、中世には教区や修道院に任されていた活動を、近世初頭に都市当局などの世俗機関が担うようになった。この領域においても世俗機関は、貧民に施物を与えるだけでなく、貧民に行動規範を与えた。すなわち貧民がみだりに施しを乞うことを禁じるいっぽう、施物のみならず労働の分配を規定した。また貧民が救済を受けるための条件として、出生地にとどまるよう命じて地元の出身者の救済を優先し、働ける者と働けない者を区別した。そのうえで働ける者については日当つきで労働させ、働けない者には施しを与えるとした。このように救済対象となる人々の範疇を規定し、それぞれに応じた行動規範と救済方法を提示するのと合わせて、救済の条件に合わない者や余所者、行動規範に従わない者に対しては市外追放などの処罰も定めたのである。(34)

これらのペスト対策にせよ救貧にせよ、治安令の対象となる人々は、職種などの身分的条件によって分類されるよりも、都市という空間のなかに位置づけられている。当局は都市を治安令の及ぶ範囲とし、対象となる人々に治安令をつうじて行動規範を与えた。さらにペスト患者または貧民の所在などに関する情報収集の回路をつくり、例えば十六世紀のパリでは都市当局が地区をつうじて住民調査をおこなった。(35)したがって都市における治安行政には、当局が都市の人々に関する情報を掌握するという手続きも含まれるだろう。

(4) 都市防衛

都市防衛は都市の自律と秩序維持を支えていた。シュヴァリエによれば、中世末期における都市の自衛の基盤として、一つには都市空間を囲む城壁と門があり、市城整備 fortification は都市当局の財政のなかでおこなわれていた。もう一つには都市民が構成する都市防衛団体がある。都市防衛団体には、弩隊 arbalétriers・長弓隊 archers・火縄銃隊 arquebusiers など、免税特権をもつ団体があるほか、これに属さない都市民も、一年と一日以上居住していれば夜警 guet を、また武器を自弁できる程度に裕福であれば昼間の門衛 garde des portes を日常的に担っていた。この武装可能な都市民が都市民兵 milice を構成する。実際にいくつかの都市は宗教戦争での包囲戦に耐えたが、中世末期から十六世紀にかけて、都市の自衛力は火器の発達とともに弱められつつあった。国王による市城整備への介入、または都市防衛のための専門の兵士 soldats や国王の駐留軍 garnison royale の配置、さらに宗教戦争中に蜂起した都市に対する、国王からの城壁破壊命令もみられる。都市防衛団体は存続したが、都市民の「合意」が失われたために、貧困層を監視するための治安団体 corps de police になったとも、シュヴァリエは指摘した。(36)

都市防衛の実態もまた都市ごとに異なると考えられる。例えばハプスブルク領に接するピカルディの諸都市では、イタリア戦争期から州総督が権限を拡大して都市行政に介入し、国王軍を駐留させていたのに対して、マルセイユでは州総督府が城壁の外にあり、宗教戦争期にも陸軍は少数しか市内に入ることができなかったとされる。(37) 民兵組織についても、パリに関する高澤紀恵とロベール・デシモンの研究によれば、中世以来、夜警が職種別に組織されていたが、国王が一五五九年にいったんそれを「王の夜警」に移管した後、一五六二年に地区 quartier ごとの都市民兵を創設して、都市民による自衛体制を復活させた。(38) これに対してルーアンでは、後述するが中世から夜警が地区ごとに組織されており、一五六二年に地区ごとに都市民兵組織を確立するに至っている。

ところでデシモンと高澤は都市民兵制度を、ブルジョワとしてのアイデンティティ、ないし都市への帰属意識のよりどころと捉えている。すなわち近世のパリでは、ブルジョワの身分的特権として、都市行政官を自ら選ぶ、貿易商業において優遇される、市外の法廷に服さないという規定が残っていたものの、慣習的にブルジョワと定義されるはずの、一年と一日以上居住していて教区などにおける義務を果たす人々が、すべてその特権を享受していたのではなかった。この状況のなかで都市民兵が創設された際には、都市の武装特権が確認され、都市防衛の担い手が親方から地区ごとに定住している家主・借家人に拡大された。その結果、パリ住民はブルジョワあるいは親方という身分ではなく、定住しているという実態を根拠に都市民兵に参加し、デシモンの言葉によれば「ブルジョワの共同体」である都市への帰属意識を得たとされる。[39] あるいは地区など居住地別の住民編成が、都市民兵の構成単位となっただけでなく、高澤の言葉を借りれば、代表選出・徴税・秩序維持・儀礼参加の単位として「都市民を都市社団へと統合するうえで、決定的に重要な意味をもっていた」と指摘される。[40]

しかも都市民兵はパリにおける治安行政の担い手であった。高澤によれば、都市民兵は秩序維持活動として市内の警備と住民調査をおこない、余所から来た者に対しては民兵に参加する者を受容し、受容されない者を浮浪者として発見し追放するという、二重の機能を果たした。都市民兵制度は一六六〇年代まで維持され、その幹部は定期的に市庁舎に召集されて治安行政に関する議論に参加したが、[41] そのいっぽうで十六世紀末以降には王令によって武器携行の規制がおこなわれ、武装するに相応しくない人々が規定し直されたという。[42]

このように治安行政は、都市民兵という実効的な担い手を得て、当局による情報掌握・規範付与と、都市民による情報提供・アイデンティティ形成という二つの機能を結びつけ、都市の秩序を形成する新しい体制として確立したと捉えられる。それに対してシュヴァリエは、十六世紀に都市内部の「合意」が失われるとともに治安行政が強化されたと説明したが、その「合意」についてもさらなる検証が必要であろう。

3　祝祭の機能

(1) 祝祭研究と「新しい文化史」

シュヴァリエは、十五世紀後半から十六世紀にかけての都市と王権との「調和的関係」および都市内部の「合意」について、それらがあった、あるいは失われたと説明した。「合意」については「宗教的合意」・「文化的合意」というだけでなく、「一体性 unité」、「一体感 unanimité」、ないし「ともに一つの共同体に所属するという感覚」[43]とも言い換えながら、その「合意」を都市の自律性の基盤と捉え、またその「合意」のあらわれを都市祝祭 fête civique に求めた。都市祝祭とはそれぞれの都市で慣例となっている祭りで、都市当局、有力な都市民団体または教会によって主導され、都市のなかの公共の広場などを舞台とし、都市民が大規模に参加するものをさしており、代表的なものとして謝肉祭期間の諸行事を含む。

こうしたシュヴァリエの論の背景には、一九七〇年代までの「民衆文化」研究とカーニヴァル研究がある。[44]これらの研究は、カーニヴァルで現出される非日常的な「さかさま世界」をめぐって、日常的な秩序に対する祝祭の象徴機能を示唆するとともに、中世末期から近世初頭の都市のカーニヴァルが、都市当局または都市民団体の主導による祝祭であったことを明らかにした。そして近世には都市支配層がカーニヴァルに対する態度を、参加・許容から無関心・抑圧に変化させたと捉え、しばしば祝祭を「エリートと民衆」の一致または対立関係のなかに位置づけたのであった。[45]

これに対して一九八〇年代後半以降の新しい文化史研究では、いっぽうでは「民衆文化」じたいの定義、および「エリート文化と民衆文化」の対比で捉える見方が批判の的になった。[46] そのいっぽうで儀礼と象徴などの政治性に着目する「政治文化」研究として、国王儀礼が王国の秩序形成において果たした機能を読み解く研究が注目されるようになった。[47] 国王儀礼研究としての祝祭研究は、中世末期から近世初頭にかけての都市の祝祭のなかでは、しばしば国王入市式を取りあげ、儀礼が社会構造を明らかにするだけでなく秩序を形成する機能をもつと捉えている。

すでにカーニヴァル研究においても、マルティーヌ・グランベールが、十四世紀から十六世紀にかけてのフランスとフランドルの諸都市において、都市支配層がカーニヴァルをつくりあげる過程に注目し、祝祭を「都市当局 échevinage の後押しで、共同体的な連帯がつくられ、都市が一つの記憶を自ら創造する」儀礼と意味づけていた。[48] またイヴ＝マリ・ベルセは、カーニヴァルなどの都市祝祭で一般的におこなわれていたパレードの構成を、「市の理想とする階層の構成 la constitution hiérarchique idéale de la cité」であったとし、パレードのなかで都市の同業組合や信心会 confrérie がそれぞれの威信に応じて序列をつけられ、あるいは序列を争った例を挙げた。[49]

このような祝祭における記憶の創出、あるいは理想像の表明についての議論は、新しい文化史研究のなかで深化した。例えばロジェ・シャルティエは、カーニヴァルなどの祝祭についても、中世末期から都市当局が「市民的かつ世俗的なひとつのイデオロギーを表明するために」祝祭を掌握したと指摘し、祝祭研究では「権力の側が祝祭にほどこした改変の模様をしかるべく跡づけるほうがまっとうだと思われる」と述べた。[50] これらの論は、都市祝祭に「合意」のあらわれとしての意味よりもむしろ、都市の秩序を明らかにし確認する機会としての意味や、[51] さらに二宮宏之の言葉を借りれば「社会統合、政治統合の梃子としての役割」[52] をみようとするものである。

(2) 国王入市式と総行列

具体的に近世初頭のいくつかの都市祝祭における、都市の秩序の現出をみておこう。都市祝祭の多くは、都市の主だった構成員が身分・役職・所属団体あるいは居住地・職業別に序列化されるパレードの形式をとった。その序列のなかに位置を与えられない者であっても、見物人としてその場に居合わせることができ、参加者と観衆はパレードによってともに序列を確認した。その代表的な例として国王入市式を挙げることができる。

国王入市式は一般に、国王が即位してから初めて王国内の都市を訪問する際に、都市ごとにおこなわれ、国王と各都市との関係を確認する意味をもつ。入市式において国王は都市に自らと宮廷人たちの盛装した姿を見せ、都市民もまた盛装して国王を迎えた。国王は都市当局および都市民が構成する諸社団の特権を確認し、都市は国王に対する義務を確認した。さらに都市の側は国王に対する期待をこめて、寓意的な飾りつけをほどこした凱旋門、活人画、演劇などを披露した。そのなかで都市の秩序は、都市が国王を迎える際のパレードにおいて表明される。ローレンス・ブライアントによれば、一五四九年のアンリ二世入市式をはじめとするパリの国王入市式では、「都市のすべての社団」すなわち同業組合、都市防衛団体、都市当局、シャトレ裁判所や高等法院などの諸機関、聖職者、大学の代表をふくむパレードがあり、その参加者は社団の権限の大きさにしたがって序列をつけられていた。[53]リヨンの国王入市式については、小山啓子によれば、参加者に移住してきた外国人や新設の国王役人を加えるといった変動と、都市民を同業組合ごとに組織するか居住地ごとに組織するかといった問題が、都市の構造に関わる問題として浮かび上がったと指摘されている。[54]それも参加者の構成が都市の秩序そのものに関わっていたからであろう。

同様のパレード形式の祝祭には、都市ごとに慣例となっている季節の祭りのほかに、総行列 processions générales

がある。これについても都市当局がパレードの詳細な記録を残している場合があり、そうした記録から、都市民が大規模に参加して秩序を形成し表明する機会であったと捉えられる[55]。またミシェル・フォジェルによれば、総行列はもともと宗教儀式で、十六世紀以前から有力な教会または都市当局が、天候不順などへの対抗措置として挙行を命じるものであったが、十六世紀には国王のための挙行が頻繁になり、国王から臣民に情報を伝達するための国王儀礼の一つになった。例えば一五二五年のフランソワ一世の虜囚、またアンリ二世治世の対外戦争と新教の浸透といった危機的状況において、総行列は国王に関わる事件を伝える手段として用いられ、人々に国王の存在を意識させる、あるいは挙行を命じる国王が社会に秩序を刻みつける機会となった。しかし宗教戦争期に国王儀礼としての総行列は減少し、国王の情報伝達儀礼としては新たにテ・デウムが誕生したとされる[56]。

季節の祭りにおいても、高澤によればパリの聖ヨハネ祭は、もともと市庁舎前の篝火が市内の各処にもたらされるという結びつきを通じて、都市当局を中心とする都市祝祭として挙行されており、この祭りに国王が臨席することによって国王儀礼の性格をつけ加えられた。すなわち宗教戦争鎮静化後のアンリ四世治世のうちに、聖ヨハネ祭はまず国王を称賛する祝祭となり、次いで国王の名代としてのパリ総督を中心に挙行される祝祭となった。この点について高澤は「火祭りが刻んだ時間とそこで確認された都市の秩序は、アンリ四世のもとで王の時間、王の秩序のなかに巧みに再編された」と指摘している[57]。したがって、祝祭のパレードにイヴ＝マリ・ベルセのいう「市の理想とする階層の構成」をみるだけでなく、祝祭全体あるいは挙行そのものに、秩序の表明・形成の手続きが組み込まれていたと捉えるべきであろう。

（3）秩序形成と祝祭

近世における都市祝祭の変化について、「民衆文化」研究としての祝祭研究で指摘されたのは、一つには中央集権化の過程で王権が都市支配層の関心を国王にひきつけるとともに、都市祝祭を国王儀礼につくりかえるかあるいは抑圧し、もう一つには都市のエリート層が「民衆文化」から遠ざかったことが原因で、祝祭が衰退したという点であった。また祝祭と秩序維持との関連では、エリートが「民衆文化」から遠ざかるとともに、祝祭の無秩序を危険視するようになったと指摘された(58)。しかし一九八〇年代以降の文化史研究を経て、都市祝祭に秩序形成機能があると捉えなおすことが可能となったからには、祝祭の「衰退」についても、その秩序形成機能を視野に入れた説明が必要となる。

十六世紀フランスの都市では、人口移動と社会経済状況の変化のなかで、さまざまな機会に大規模な都市祝祭が挙行されていた。これらの祝祭は参加者と観衆の身体的・視覚的な経験をつうじて、都市の秩序を表明ないし形成する手続きとしての機能をもっていた。この手続きは、国王と都市のあいだだけでなく、都市における諸機関・団体・各人のあいだでも機能した。このように捉えるならば、さまざまな機会に大規模な祝祭が挙行されたのは、参加者に都市の秩序と共同性についての観念をもたせるためと捉えられる。最高諸法院のように都市よりも広い地域を管轄する機関もまた、所在する都市の祝祭に参加し、その構成員となった。

ところで都市祝祭は十六世紀後半以降に減少し、また参加者の規模において縮小していく。これは祝祭を主導していた教会・都市当局または有力な都市民団体が、祝祭によって秩序を形成するという機能に期待しなくなったからではないだろうか。国制史をふりかえれば、近世初頭の国制の特徴は、国王の行幸と直接対話などの身体的な経験によって、支配服従関係が表明され受容されていた点にあると言えよう。都市における大規模な祝祭もまた、都市の人々が身体的な経験によって都市の秩序と、そのなかでの自らの位置を確認する機会であった。しかし当時、都市当局および当局の側に立つ諸機関は、秩序を形成する手段として治安行政を整備しつつあった。それゆえに筆者は、当局が都市の秩序を表明し受容させる手段が、都市祝祭から治安行政に移行する段階があり、そこに都市祝祭の衰退と治安行政の深化との関連性が見出せるのではないかという仮説をたてたのである。

第二章　都市ルーアン

1　背景

（1）フランス第二の都市

ルーアンはノルマンディの州都として知られる。(59) ノルマンディで唯一の大司教座 Archevêché の所在地であり、中世にはノルマンディ公の宮殿を擁し、近世には高等法院など王国の重要な地方機関の所在地であった。十三世紀のフィリップ二世（オーギュスト）治世に、ルーアンはイングランド王領からフランス王領となった。これに先立ってイングランド王ヘンリ二世に自治を認められており、フィリップ二世以降のフランス王によっても自治を追認された。(60) しかし一三八二年にルーアンでアレル Harelle の乱が起こると、これを鎮圧したシャルル六世によって、一三九一年に市長 maire 職が廃止された。都市参事会 conseil de ville は存続したが、それ以来、議長役に国王直任のバイイ bailli を迎え、また都市民に対する刑事・民事裁判権を失い、大市での裁判のみをおこなうこととなった。

その後のルーアンのフランス王に対する離反として、百年戦争期の一四一九年に再びイングランドの支配下に入り、一四四九年にフランス王のもとに復帰した。また宗教戦争のあいだに、ユグノーによって制圧されていた一五六二年四月から同年十月までと、カトリック・リーグにより制圧されていた一五八九年二月から九四年三月まで、ルーアンは反国王陣営に属した。しかしこれらの戦争の後にも、都市当局の構成に大きな変化はなく、バイイと都市参事会の体制が一六九二年の市長職回復まで続いた。

大聖堂 Cathédrale を含む市街はセーヌ河の右岸にある。十六世紀には城壁で囲まれた市街地（市城内 ville）が南北約一・二キロメートル、東西約二キロメートルのほぼ五角形をなしていた。[61] 城壁の南側の一辺はセーヌ河に接し、そこにセーヌ河に架かる橋門、城壁の山側には市内の四地区 quartier と同名の四つの門、そのほかいくつかの門があった。四地区とは大まかに、セーヌ河沿いで下流側にコーショワーズ Cauchoise、河沿いで上流側にマルタンヴィル Martainville、山の手で下流側にボーヴォワジーヌ Beauvoisine、山の手で上流側に聖イレール Saint Hilaire である。このうち港の周辺にあたるコーショワーズには裕福な商人が多く、マルタンヴィルは手工業地区で貧民と裕福な商人が混在していた。ボーヴォワジーヌは高等法院とバイイ府を含むので法曹地区の面ももつが、貧民と裕福な商人が混在しており、聖イレールが最も貧しい地区とされる。[62] 各地区に一人の地区長 quartenier、その下に百人長・五十人長・十人長 centeniers, cinquanteniers et dixeniers がいた。百人長以下の人数については不明である。また各地区は最多で十三教区、最少四教区からなり、市城内は三十一教区に区分されていた。

城壁の周辺に広がる郊外区 faubourg は市街地と同じ右岸の四教区と、対岸の聖スヴェール郊外区 faubourg St Sever（一教区）からなり、さらにその外側の近郊区 banlieue は二十の村ないし教区からなる。ルーアンの治安令および、毛織物業を含む職種ごとの規約の多くは、これら市城内・郊外区・近郊区 ville, faubourg et banlieue に適用され、またこの一帯がルーアン・ヴィコント区 vicomté をなす。[63] ヴィコント府はバイイ府の下級裁判所だが、ルーアンの市城内では、ヴィコントはいくつかの職種を監督するのみで大きな権限をもたず、その代わりにバイイ府が住民に対する刑事・民事裁判権をもち、市内の秩序維持にあたる警吏 sergent もバイイ府に所属した。

十六世紀末までにこの都市におかれていた諸機関のうち、教会関係のものとしては、ノートル・ダム大聖堂と教区教会のほかに、四托鉢修道会と総称されるフランシスコ会・ドミニコ会・カルメル会・アウグスティノ会の修道院、四つの施療院、ベネディクト会の聖ウーアン修道院、そのほかの修道院・礼拝堂などが挙げられる。いっぽう世俗の行政官・機関としてはノルマンディを管轄する最高諸法院の高等法院 Parlement、租税法院 Cour des Aides、会計法院 Chambre des Comptes、財務局 Bureau des Finances のほか、水上・森林提督府（大理石卓）Amirauté des eaux et forêts; siège de la table de marbre、上座裁判所 siège présidial、バイイ府、ヴィコント府、水上ヴィコント府 vicomté de l'eau、地方徴税局 cour des élus; élection、塩倉庫 grenier à sel、ロメーヌ税関 Romaines、商事裁判所 Prieur et 2 consuls; juridiction consulaire、造幣局 monnaye があり、また州総督 Gouverneur がしばしば市内に滞在した。

この都市はセーヌ河を介してパリと海との中継地点に位置する河港都市である。近世までは海からセーヌ河を遡上して最初に橋に出会う地点であったので、セーヌ河を航行するにはルーアンで船を替えるのが一般的だった。さらにルーアンは周辺に外港となるいくつかの港町を擁していた。まずセーヌ河口からルーアンまでは潮汐を利用して遡上できたが、河が蛇行しているために三度の満潮が必要で、キーユブーフ Quillebeuf とコードベック Caudebec が潮待ちの港とされていた。このほかに十五世紀後半においては、セーヌ河口付近のアルフルール Harfleur とオンフルール Honfleur、およびイギリス海峡に面したディエップ Dieppe とフェカン Fécamp などを外港とし、十六世紀には一五一七年に開発が始まる「恵みの港 le havre de Grâce」ことル・アーヴルが、ルーアンの新たな外港となった。(64) また周辺には手工業をおこなっているいくつかの小都市、そしてオート・ノルマンディという穀作地帯を擁していた。(65)

この都市の十六世紀前半における繁栄ぶりを示すものとして、フランソワ一世が皇帝カール五世の問いかけに、フランスで最も人口の多い都市はルーアンだと答えたという逸話がある。これには「パリは都市 ville ではなく国 province だから」という落ちがつくので、ルーアンはパリに次ぐという位置づけになる。(66) 問題の人口は、フィリップ・ベネディクトによれば十六世紀半ばに七万数千人と推計されている。(67) しかしこの数字をもってルーアンが当時のフランスで実際に第二の都市であったと断言はできないうえ、そうであったとしても近世をつうじて地位を下げていく。それでも近世には人口規模において、また行政都市、貿易・産業都市として、フランスで十指に入る地方都市であった。

産業・経済活動としては、中世以来、地の利を生かした遠隔地貿易が盛んで、この都市の貿易商人は十六世紀初頭にはイベリア半島とネーデルラントとの中継貿易に、また十六世紀前半に大西洋貿易に進出した。しかし十六世紀以降、富を得た商人の一部は商業から遠ざかり、領地と官職を購入して貴族化した。そうした新興貴族の受け皿として、十五世紀後半からこの都市に租税法院・高等法院・会計法院などが設置・組織整備されていた。手工業の分野では、中世以来十六世紀まで都市参事会などで議題にのぼる主要な職種は毛織物業であり、そのほか多様な職種、例えば麻織物業や皮革・金属加工、製紙、陶磁器製造業などが市内でおこなわれていた。だがルーアンからの輸出品目を見ると、十六世紀後半にもっとも重要であったのは毛織物ではなく麻織物であり、しかもその一部はルーアン市内ではなく周辺の農村または小都市で生産されていた。したがってルーアンは近世には商業・産業都市としてよりも行政都市として発展したと言える。

(2) 宗教戦争の展開

十六世紀にこの都市の秩序を揺るがした事件をあげるならば、イタリア戦争期には戦争被害を受けておらず、宗教戦争期よりも平穏であった。ただし国王は頻繁に武器と軍事費を要求していたので、都市当局はこれに対応しなければならなかった。また国王が一五二五年にパヴィアで虜囚になったときと、一五四〇—五〇年代にフランドルとイギリス海峡が戦線となったときには警戒を強めた。それだけでなく、この時期にはペストの流行、凶作によるパン価格の上昇、貧民の増加がしばしば都市参事会と高等法院でとりあげられており、宗教対立も深刻化しつつあった。「異端」は、十六世紀に入ってからはまず一五一七年四月に問題となり、一五三五年には高等法院館で「異端書」が発見された。ベネディクトによれば、この頃から聖像破壊・聖体冒瀆、新教の説教師の訪問などが相次ぎ、一五五七年以降にはカルヴァン派教会による新教徒の組織化が進んだ。ルーアンで宗教戦争の勃発直前には、ユグノーが人口の十五—二十パーセントに達していたとみられる。(68)

一五六二年には全国的な宗教戦争の勃発とともに、ルーアンでも四月十五日にユグノーが蜂起し、バイイのヴィルボン Jehan d'Estouteville, sr de Villebon を市外に追放して市内を制圧した。なお都市参事会の議事録では、カトー・カンブレジ条約によるイタリア戦争終結後の一五五九年七月三日にA一七巻が終わり、ユグノー蜂起が鎮圧された後の一五六二年十月三十一日に次のA一八巻が再開されるまでの記録が欠落している。また聖堂参事会の議事録は、一五六二年六月三日にユグノーが大聖堂の貴金属を要求しに来たことを記録した後、十月二十九日付で同月二十六日のルーアン解放を伝えるまで沈黙している。(69)ユグノーは国王軍との包囲戦の末に十月二十六日に屈服し、第一次宗教戦争は翌一五六三年三月のアンボワーズ王令で終結する。だがユグノーはルーアンを制圧していたあいだにイングランドの支援を得るため、ル・アーヴルへのイングランド軍侵攻を認めており、フランス王がル・アーヴルを回復するのは一五六三年七月であった。

ベネディクトによれば、ルーアンではユグノーがこの後も数を増していたとみられる。しかしユグノーに対して武装を解除させ、駐留軍の宿泊を負担させるなどの差別政策がとられたためか、一五六七—七〇年の第二次・第三次宗教戦争に際して、市周辺で緊迫することはあってもユグノーが再び蜂起することはなかった。一五七二年に聖バルテルミ虐殺が起こると、ルーアンでもユグノー数百人が虐殺されたが、その後はユグノーが相次いで亡命、またはカトリックに改宗したため対立が弱まった。一五八〇年代半ばまでルーアンは平穏で、貿易商業などの発展をみていた。

一五八八年五月十二日夜にパリでリーグ蜂起が起こると、国王アンリ三世はパリを離れて六月十三日にルーアンに行幸した。ルーアンでは一か月にわたる国王の滞在を受け入れたものの、すでに一五八五年頃から聖職者・高等法院・都市参事会にリーグ寄りの人々があらわれていた。またルーアンにはスペイン系の商人が多く、彼らもリーグ派として警戒されていた。ルーアンのリーグ派は一五八九年二月四日に蜂起して、州総督でルーアンのバイイにして都市防衛隊長 Gouverneur et un des lieutenants generaux du Roi au gouvernement de Normandie, Bailly et cappitaine de la ville de Rouen の称号をもっていたカルージュ Taneguy Le Veneur, sieur de Carrouges に、リーグの主導のもとでの新しい都市行政体制を認めさせた。[70] この後も聖堂参事会と都市参事会は史料を残している。

高等法院は三月に判決でリーグ派参事会 Conseil の設立を承認し、その構成員を高等法院代表六人、教会代表六人、第三身分代表六人と、ルーアンの都市参事会員のうちの二人などと定めた。[71] しかし国王の呼びかけによって高等法院評定官の過半数が五月までにカン Caen に脱出し、そこに高等法院を移した。ルーアンのリーグ派は一五九一年十一月から九二年四月までの国王軍による包囲戦をしのぎ、一五九四年三月三十日に国王と和解した。これによってルーアンにおける宗教戦争は鎮静化した。[72]

ルーアンでエストライヒがいうところの「当局」の側に立つ諸機関は、このような事態への対応策として都市の行財政および治安行政の体制を整備していく。またいっぽうで、これらの変動はルーアンの人々の経済活動の規定要因にもなろう。

2　社会経済状況

(1) 繁栄と衰退

　十六世紀におけるルーアンの経済的繁栄または衰退を立証することは史料的に困難であるが、世紀前半は好況の恩恵に浴したと捉えられる。百年戦争後の十五世紀後半から十六世紀前半にかけて、市内では広場の整備と、大聖堂をはじめとする教会、市場、高等法院、そのほかの家屋の建設が進んだ[73]。また貿易商人が活動範囲を拡大し、ノルマンディ各地とパリ、フランス大西洋岸・イベリア半島・ブリテン島・ネーデルラントとの通商、さらに大西洋貿易も発展した。この頃からスペインやイタリアの商人が市内で活動するようになり、特に後者はルーアンの金融業を牽引した。その結果、ミシェル・モラおよびゲイル・ブリュネルによれば、一五三〇年代にルーアンはイベリア半島から北海にかけての沿岸地域を結ぶと同時に、これらの地域とパリなど内陸部を結ぶ中継地としての地位を確立しただけでなく、ルーアン商人がアメリカ貿易にも進出し、一五五七年には商事裁判所の設置を国王に認められた[74]。

　中世後期から十六世紀初頭までの周辺農村部の経済状況を主な研究対象としたギー・ボワは、好況の原因として百年戦争後に始まる農業生産力の回復、これによる農村人口の回復、その余剰人口の都市への流入を指摘した[75]。ただしこの人口移動は、ルーアンの貧民層が増大する要因にもなった[76]。ほかに経済の不安定要因として凶作、ペスト、対外戦争と内乱があり、十六世紀半ばには不況に転じたとみられる。

当時の経済状況に対して国王の政策がもたらした影響は小さくない。十五世紀後半にルーアンの貿易が活性化した際には、ルイ十一世が百年戦争で荒廃した街道と宿駅の整備に着手し、またパリとの通商に有利な大市を設置した。(77) 十六世紀にはいってフランソワ一世は、ルーアンの商人たちが一五一五年と一七年に国王に新たな港の開発を請願したのを受けて、ル・アーヴルの整備をおこなった。(78) 大西洋貿易への進出については、フランソワ一世が支援したヴェッラッツァーノのアメリカ探検に、ルーアンの商人も出資した例と、ルーアンの船長ベランジェの航海にブールボン枢機卿が出資した例が指摘される。(79) 特にルーアンを優遇した政策として、アンリ二世は一五五〇年に、イギリス海峡に面した港町としてはルーアンにのみ香辛料の輸入を認めた。(80)

国王の対外戦争と内乱は、逆にルーアンの商業に損害をもたらした。十六世紀前半におけるフランス王とハプスブルク家の抗争では、戦闘状態の時期にアントウェルペンからルーアンへの輸入が断たれた。一五五九年のカトー・カンブレジ条約の後にネーデルラントとの貿易が活発化したが、(81) 一五六〇年代以降には宗教対立のためにしばしば通商が妨害された。宗教戦争期においても、戦争が鎮静化しているあいだは貿易が活発におこなわれていたとみられる。しかし一五九一年十一月から九二年四月までは、カトリック・リーグに制圧されたルーアンが国王軍に包囲されたため、市内と外との通商がほとんど停止して、手工業にとっても原料供給などが断たれる最悪の時期を迎えた。(82)

十六世紀にルーアンの商人が新大陸貿易に進出した時期ごとの特徴を、ブリュネルは一五五九年と九四年で区切って捉えている。一五五九年を画期とする根拠としては、この年に死去するアンリ二世と、その前のフランソワ一世の治世には、国王が強力に貿易を保護した点、宗教対立による損害も小さかった点、この時期が新大陸貿易に参入する商人の増加のピークである点が挙げられている。それ以降は変動の大きい時期と特徴づけられ、国王の介入がなくなるとともに貿易での危険が増大した。ルーアンの商人たちは大西洋貿易に際して、多くの場合は共同出資と借り入れによって船団をつくり、一航海ごとに利益を分配した。一五八〇年代以降、より継続的な団体を形成するようになるが、宗教戦争後にはラ・ロシェルなどフランス大西洋岸の港町との競争にさらされた。その競争のなかで商人は国王からの勅許状を求めたとされ、国王の政策が商人の活動を規定し続けていたのである。(83)

ルーアンの経済状況が十六世紀後半に悪化した要因は、これ以外にもいくつか指摘されている。まずボワは宗教戦争による混乱だけでなく、一五四五―四六年以降にしばしば凶作に見舞われたと指摘した。(84) モラは手工業にも要因を見出している。すなわち十六世紀初頭に近郊のダルネタル Darnétal などが毛織物業で興隆し、ルーアンの毛織物業者が不利な競争を強いられた点である。(85) 市内および周辺の手工業を研究対象とするジャック・ボタンは、この状況を農村工業への転換の初期段階に相当すると指摘し、さらに麻織物生産においても農村工業が発展した可能性を示した。それによればルーアンは十六世紀にはフランス随一、ヨーロッパでも屈指の麻織物輸出港となるが、その製品は周辺の小都市で漂白仕上げをされてルーアンの商人に引き渡され、染色のみがルーアンでおこなわれたとみられている。(86)

ルーアンの経済状況についての研究は、いまだこうした状況証拠の積み重ねであるが、十六世紀においては国王の戦争・外交、貿易政策のみならず、財政および身分制と同業組合制度などによっても規定されていた面を見のがしてはならないだろう。以下ではより具体的に、貿易商人の動向と、手工業、特に毛織物業と麻織物業について、十六世紀の状況に関するこれまでの研究をまとめる。

(2) 貿易商人の戦略

ルーアンの商人は、一二〇九年に国王から組合 societas 結成を認められて以来、国王から直接特権を受けて、セーヌ河の通商の条件をパリの商人とのあいだで取り決めていた。[87] 十六世紀には貿易商人の組合は活動しておらず、都市参事会が大市に関する裁判をおこない、生活必需品、特に穀物の確保のほか、ポルトガル領海外領土との貿易、両替所の設置、海賊対策などを議題にした。[88]

貿易商業に関する都市当局の権限領域は明らかでない。貿易商人は、十六世紀には国王・王族の資金援助を受け、十七世紀になると国王から特権貿易会社の設立を認められたように、国王と結びついていた。また司法の面では、商事裁判所・バイイ府・水上提督府からの上訴を高等法院が扱っていた。それでも都市参事会が貿易の監視と保護の権限を発揮できたあらわれとして、一五五四年に地方三部会が商船の積み荷に国王が課税するための港管理人 maître des ports の設置を承認した際に、都市参事会が商業への打撃を恐れて、課税の半分を商人の代わりに都市が負担すると決議した例がある。[89] また都市参事会は商事裁判所の設置を都市特権の侵害として反発し、[90] 一五六三年にはフランシスコ会修道院でおこなわれる商事裁判所の役員選挙に都市参事会代表を送るとした。[91] 都市参事会は貿易を、ほかの商業・手工業よりも頻繁に議題に取り上げている。

都市参事会の史料を見ると、都市参事会員輩出層には貴族 seigneur; sieur の称号をもつ者が含まれ、彼らが最高諸法院に所属する法服貴族とともに都市の最上層を構成したと考えられる。その下に、都市参事会員の改選または何らかの重要な議題がある際に臨時に都市参事会に召集され、あるいは都市防衛と祝祭などへの参加を要請される数十から数百名程度の都市民がいた。これらの都市民は「名士 notables; eminens bourgeois」「ブルジョワ bourgeois」「(形容句のつかない）商人 marchand」などと記録され、貿易商人の多くがここに含まれたとみられる。したがって貿易商人は都市の最上層を構成しておらず、都市の役職を得る際にも、多くは都市参事会員よりも下位の地区長、法務官 pensionnaire、地区ごとの救貧会計官、収入役 receveur、さらに商事裁判所、教区や修道院の職に就任した。(92)

ブリュネルによれば、十六世紀におけるルーアンの貿易商人のあいだでは家系の交代が激しく、外国人商人などの流入に対してルーアン生まれの商人は次第に減少し、さらに宗教戦争期に多くが姿を消したことが明らかにされている。この交代の原因には商業上の失敗もあげられるが、より重要なものとして、男子後継者を欠いたことによる家系の断絶と、富裕化するほどに商業から手をひいて貴族身分に到達しようという家系戦略があった。商人のなかには一代で最高諸法院のひとつである会計法院の売官職や、国王財務官 controlleur général des finances du Roi に就任した例がある。しかし一般に商人家系の出身者が官職獲得によって身分上昇をはたすためには、法服貴族の家系との婚姻、所領 seigneurie; sieurie の獲得、子孫世代のための官職買得といった手順で数世代を経なければならなかった。(93)そのため商人は獲得した富を再投資する際に、社会的上昇の度合いによって、投資先を商業から債権 rente へ、さらに土地、官職へと変化させたとされる。(94)

ここで rente を「債権」と訳したのは、これがさまざまな機会に用いられる貸借の方法で、rente の売り手が借り手、買い手が貸し手となるからである。利子が年ごとに支払われるという返済方法のために「年金」と訳される場合もある。債権への再投資は貿易よりも安全であっただけでなく、農村部の土地を担保として融資する場合には、担保となった土地の獲得、さらに地主あるいは領主としての諸収入が期待できた。このようにして貴族身分と、それにともなう特権および経済的地位を獲得することが、ブリュネルによれば当時の商人たちの最終目標であった。(95) rente にはまた、都市当局が市庁舎や間接税収入を担保として売る「市債」があり、これはもっぱら都市参事会員または収入役などを輩出する家系によって購入された。さらに国王の徴税請負をきっかけにして官職獲得に辿りついた商人の例もみられる。[96] このように、商人と王国財政・都市財政との結びつきは、官職購入にとどまらなかった。

商人が土地と官職を購入して身分上昇をめざす戦略は、「ブルジョワジーの裏切り」と言い表されてきたが、ブリュネルはこの見方を否定する。大商人から中小規模の商人までが、共通の階級意識を発達させていたとは捉えられないというのが、その根拠である。[97] むしろ当時は商人としての成功が、経済状況に照らしてリスクが大きいだけでなく、身分制度に照らしても商人にとっての最終目標にはなりえず、貴族への身分上昇のほうが魅力的であり、しかも商人にとって到達可能であったことを指摘するべきかもしれない。

（3）毛織物業

十六世紀のルーアンにおける有力な職種 métier は、おおむね規約をもっていた。市長職が廃止される前から国王に規約を承認される職種があらわれ、なかでも毛織物業は一三七八年の勅書で市長の監督下からバイイの監督下に移った。[98] 市長職廃止後に国王に規約を承認された職種は、バイイまたはヴィコントの監督下におかれた。この都市の手工業の特徴として、職種が中世末期に際立って多様であったことが指摘されている。[99] 中世末期における市外への輸出品目には梳き櫛・留め金・釘・家具・船具・書物などがあり、輸入品目のなかには手工業の原料である羊毛・麻などがあった。貿易商人によるこれらの輸出入は、百年戦争終結後の十五世紀後半に、ブルターニュおよびブリテン島との通商の回復とともに拡大しており、同じ時期に手工業が活性化したと見られる。[100] 市内の職種の多様さについて、都市財政記録には三十二の市場 halle の使用料 émolument が列挙され、このなかには織物、革・金属加工などの職種が含まれるが、建築関係と食品関係の職種は含まれない。[101] 一五五〇年に国王アンリ二世を迎えた入市式のパレードでは、建築・食品関係を含む七十三職種の人々の参加が計画された。[102]

それらの職種のなかで第一に名を挙げるべきは毛織物業で、市内の業者は中世後期以来「大毛織物業 grande draperie」と自称していた。毛織物業者が一五三八―三九年に都市当局に納めた市場使用料は百二十リーヴルで、それに次ぐ額である靴屋の四十九リーヴル二ソル、また帽子・靴下工の四十リーヴルを大きく上回る。[103] 一五五〇年の国王入市式パレードで七十三職種の先頭に立ったのも毛織物業者 drappiers drappans であった。だがルーアンの毛織物は、モラによれば百年戦争終結直後にすでに、価格のうえでフランスのほかの都市との競争に不利であった。[104] しかも十五世紀末頃から近郊に新たな毛織物業の拠点ができ、市内の業者と近郊の業者のあいだで競争がおこると、市内の業者は原料と販路を掌握する貿易商人に従属しているため、不利に立たされたとみられる。ジャック・ボタンによれば毛織物業だけでなく、帽子・靴下・手袋などを製造するメリヤス編み業、麻織物業、そのほかの業種についても、一五二〇年代から農村工業に移行したものがあると指摘されている。[105]

毛織物業をめぐるこうした動向について、ルーアンの都市参事会議事録からは、まず市内の業者と近郊の業者の対立が読み取れる。都市参事会では一五三〇年代まで、しばしば「市外毛織物 draps forains」や「市外毛織物業者 drapiers forains」を議題に取り上げていた。「大毛織物業」の営業独占権は市内・郊外区・近郊区におよび、十六世紀に「市外毛織物」と呼ばれたのは主に近郊区の外で生産される毛織物である。[106] その生産拠点となったダルネタルは近郊区の外側に位置し、一四七九年まではノルマンディの主要な毛織物産地に数えられていなかった。[107] しかし十五世紀末からこの町は、ルーアンの近郊区に含まれるカルヴィル Carville、ロンパン Longpaon とともに毛織物業の拠点として成長した。これらの集落がある一帯は、セーヌ河の支流であるロベック川 Robec とオーベット川 Aubette の川沿いにあたり、毛織物業者はここで水車縮絨を取り入れて薄地の毛織物を生産し始めた。[108] それに対してルーアンでは中世以来の規約によって足踏み縮絨を定めていた。

一四九五年の都市参事会議事録に、「このヴィコント区に毛織物縮絨用の水車が数多く建てられ、公共のことがら la chose publicque にまず目を向けるべき都市参事会員が正義を執行していない」、また「民衆 peuple がロンパンに行って軽い毛織物をつくっている」との発言がある。[109] 都市参事会はこの問題について、毛織物業や関連する職種の組合幹事 garde を臨時に召集し、具体的な対応を検討すると決議した。[110] その後、都市参事会はロンパンでの水車縮絨の禁止と違反者への処罰を命じ、規約を確認した。[111] そのいっぽうで都市参事会は一五〇八年に、市外毛織物業者の独自の市場 halle pour les drappiers foraines を設置するための場所を検討するとした。[112] その市場に市外の商人によって持ち込まれた毛織物については、一五二三年の都市参事会で通常の倍額の市場税を徴集することになった。[113] 都市の財政記録によれば、一五二二―二三年と三八―三九年に近郊区の外のオーフェ Auffay、パヴィイ Pavilly とダルネタルそれぞれの毛織物の市場が、市内の毛織物業者の市場とは別に設置され、その使用料が都市当局に納められている。[114]

都市参事会はこのほかにも規約の枠内で毛織物業者への監視を強化した。すなわち剪毛工 drappiers tondeurs と毛織物業者が毛織物検査人 boujonneur の商標を受けずに自宅で製品を売ることを禁止し、[115] 仲買人 courtiers de draps には規定のオーヌ尺 aunage を守らせ、[116] 禁止されている染料 gachet を使用した染色業者への罰金を認める[117]といった決定を下した。ルーアンの毛織物業者 drappiers drappans は組合幹事と毛織物検査人にオーヌ尺を確認してもらわなければ、製品を売ることができないとされ、それは「市外毛織物業者と同様」であった。[118] これらの決定から、市内の業者が組合規約と都市参事会による監視を頼っていたとみられる。製品の規格検査などについて、一五三一年に都市参事会でルーアンの剪毛工が、市外毛織物業者が彼らの立ち入り検査を妨害していると訴えた。[119] 都市参事会ではまた、毛織物業者と帽子工 drappier chappelliers et bonnetiers が縮絨し油脂で仕上げる場所の確保、[120] あるいはロベック川とオーベット川の上流に位置するダルネタルの染色業者による両川の汚染を、ルーアンの大青 voide や茜 garence の染色業者が訴えたことへの対応、[121] 水車設置の弊害についての毛織物業者・毛織物検査人・帽子工 bonnetier による訴えが、議題として提起された。[122]

これに対してダルネタル、カルヴィル、ロンパン、ブールドゥイ Bourdeuy、ヴィヴィエ Vivier および周辺の業者は、一五四二年に王令によってルーアンの組合から分離され、この地域の親方のあいだで四人の組合幹事を選出し、独自に立ち入り検査をおこない、商標を持つことを認められた。[123] 一五七二年には、ルーアンの都市参事会にルーアンとダルネタルの毛織物業者と染色業者がそれぞれ召集された。[124] したがって十六世紀の毛織物業については、ダルネタルも含めて同業組合制度が維持されたままで、生産拠点が再編されたと言える。

宗教戦争期以降には、ダルネタル一帯で大幅に人口が減少したいっぽうで、[125] ルーアンの毛織物業者が一五九〇年代にも従来どおりの足踏み縮絨を主張していることから、[126] 市内の毛織物業が必ずしも壊滅しなかったとみられる。それどころかボタンとアルヌーによれば、ルーアンの毛織物業が新たな方向に発展した可能性も指摘される。すなわちパリ近郊サン・ドニのランディ大市などにおける商人の記録では、十五世紀後半からパリに輸出されるノルマンディ産の染色前の毛織物生地が増加しており、パリの業者が多様な産地から持ち込まれる毛織物生地の染色と仕上げを担ういっぽう、ルーアンの業者も十六世紀半ば以降には、ノルマンディだけでなくアミアンやトロワなどから持ち込まれる生地に染色と仕上げを施して、さらに輸出していた。[127]

ただしルーアンの毛織物業が、十六世紀をつうじてこの都市を代表する産業であったとは必ずしも言えない。十六世紀後半のルーアンの輸出品は麻織物に転換したとみられ、一五六七年から六八年にかけてのロンドンの港湾関税簿によれば、この時期のルーアンからロンドンへの輸出は帆布（麻織物）と紙に特化していた。[128] ボタンによれば、ルーアンの輸入品にも、一五六〇年代から八〇年代にかけて「モスクワの」麻やポーランドの亜麻が見出され、この地域での麻織物生産を裏づけている。ところで麻織物の製造工程がすべてルーアン市内でおこなわれていたのではなく、ボタンによれば、周辺の小都市ルーヴィエ Louvier やベルネ Bernay、セルキニ Serquigny で漂白仕上げをされた製品が、ルーアンの商人に引き渡され、ルーアンで染色されたとみられている。(129) 農村部での製造工程については史料的制約のために明らかでないが、十八世紀までルーアン総徴税管区 généralité の織元 fabricants と織布工 tisserands が一つの規約をもっており、(130) 麻織物業もまた同業組合の枠組みを維持していた。

近世ルーアンの経済状況については、ボタンらが試みているような広域的な研究を待たざるを得ないだろう。手工業生産における周辺の農村と小都市、およびパリとの関係だけでなく、貿易商業においても「ルーアン＝ル・アーヴル複合体」(131) と呼ばれるような周辺の港との関係、およびパリとの関係が、この都市の経済状況を規定した可能性があるからだ。そのなかで、さらに周辺地域との経済的諸関係の再編・強化が、都市の共同性、あるいは都市という枠組みを前提とする同業組合制度と都市行政・財政に、何らかの変更をせまった可能性を指摘しておきたい。

3　都市行政体制

(1) 都市当局と市内の諸機関

十六世紀におけるルーアンの都市行政体制については、フランス近世都市によくみられるように、国王と市内の諸機関のあいだでの複雑な権限分担が指摘できる。以下では都市行政に関わる多数の機関について紹介し、特に財政と治安行政の領域における都市当局・王権・高等法院の権限分担を中心に検討する。

都市当局はバイイと都市参事会を中心とし、その都市参事会は別名「二十四人会」と呼ばれる。十六世紀の都市参事会議事録によれば、ふだんの出席者はバイイ総代理官 lieutenant général と都市参事会員 conseiller 六人（助役 échevin とも呼ばれる）、地区長 quartenier 四人、都市検察官 procureur 一人など十人ほどである。ほかにバイイ府国王検察官・国王弁護士 procureur et avocat du roi、都市法務官 pensionnaire 数人などの役職があり、必要に応じて都市参事会に召集された[132]。都市参事会員と地区長は三年ごとに改選され、その選挙集会には数十人から百人余の出席が記録されている。選挙集会のほかにも重要な議題がある場合には、数人からときには百人を超える「名士 notables; eminens bourgeois」あるいは「ブルジョワ bourgeois」と、教会代表、貴族代表、高等法院代表、州総督または代理などが臨時に都市参事会に出席した。

都市参事会に臨時に召集された都市民について、大まかな傾向として一五二〇年頃までは、地区長と百人長・

五十人長・十人長といった役職が記録されている例がある[133]。それ以降には百人長などよりもむしろ、各地区の名士を数人から数十人召集したとの記録[134]、または総会 assemblée générale との記録が多くみられるようになる。召集された人数が多かった例としては、一五二二年の総会で国王から要求された兵千人分の負担が議題となる際に、各地区から地区長・百人長・五十人長・十人長のほかに四、五十人の名士を召集した場合[135]、また一五四四年の総会でイングランドとの戦争に備えた都市防衛が議題となる際に、召集された人々二百四十人近くの名を列挙した記録があるが[136]、一五五〇年代以降には各地区から数人という例が増加した。なお都市参事会が臨時に拡大された場合の議題としては、都市防衛または国王からの軍事費要求への対応が多く、国王からの軍事費要求に対応するために総会が開催された記録は一五七〇年代までみられる。しかし総会に召集された人数については、一五五二年に救貧政策を議題とした際に、「市内の修道院長、主要な聖職者と都市参事会の二十四人および都市を代表する三十二人のブルジョワによる総会[137]」と記録されているように、必ずしも多くなかった可能性がある[138]。

十六世紀における都市行政体制の変化については、最高諸法院をはじめとする王国の地方機関の設置と官職増設によって、都市の住民のあいだに官僚だけでなく弁護士・代訴人などが増加し[139]、都市参事会員をはじめとする都市役人に官僚・法曹層が進出した点があげられる。最高諸法院のうち、租税法院は十五世紀なかばに設置された。高等法院は、ノルマンディ公領時代に起源をもつノルマンディ最高法院 Echiquier de Normandie が、一四九九年にパリ高等法院と同格のものとして常設化された後、一五一五年に名称も高等法院となったものである（本稿では便宜上、一四九九年以降について高等法院の名称を用いる）。会計法院は一五八〇年に最終的に設置された。最高諸法院の評定官以上の官僚は、一四九九年に租税法院と高等法院を合わせて四十名余だったが、十六世紀末にはこれらの官職が増設された上、会計法院と財務局が加わったので百七十名余に増加した[140]。

最高諸法院は州総督と同様に都市よりも広い地域を管轄するが、こうした機関・人物がルーアンの都市行政に介入するようになり、バイイと都市参事会の威信を低下させた。このうち高等法院はノルマンディを監督する責任の所在をめぐって州総督と争った。州総督はノルマンディにおける国王の総代理 lieutenant général du roi とも呼ばれ、ルーアンに対して軍事的な権限をもっていた。州総督とバイイはともに帯剣貴族であったので、州総督、その代理、バイイ、その代理官のいずれかが、都市防衛隊長 capitaine de ville として市門の鍵や城壁の管理と、門衛・夜警組織の統率にあたっていたのである。(141) 宗教戦争期に武力による暴動の鎮圧や抑止に当たったのも、州総督、その代理、またはバイイであった。(142) 一五四七年に州総督のダヌボー提督 amiral d'Annebaut が地方三部会の召集、高等法院の召喚、ノルマンディ全体の治安行政の権限は自分にあるとの宣言 déclaration を出すと、これに高等法院が反発して国王顧問会に訴えた。その結果、州総督の権限は緊急の場合のみの三部会召集、兵士の問題や補給など軍事面のみの治安行政、高等法院への臨席と認められ、(143) 逆に高等法院は治安行政の権限を拡大した。

　高等法院は設置後しばらく王権と親密な関係にあり、(144) ノルマンディにおける最高裁判所としての機能だけでなく、国王の命令を地方に伝達する機能も果たしていた。一五二八年の勅書で、都市参事会は州総督の不在中に「高等法院の命令を考慮することなく」バイイまたはその総代理官に従うべきとされたが、(145) それに先立つ一五一〇年代から高等法院はルーアンの治安行政に関して、国王の命令の有無に関わらず法規的判決 arrêts de règlement を出し、それを施行させるために都市参事会に代表や委任官 commis を派遣していた。一五七八年には高等法院の首席国王弁護士が、勅書を得て都市参事会への出席権を要求し、(146) またバイイが空席の場合には、高等法院の国王検察長がバイイの職権を代行するとして都市参事会に出席した。(147)

　ただし都市参事会のこうした構成は臨時措置であり、都市参事会は一五四四年と五六年に、国王官職保有者の都市参事会員への就任を禁じると決議しているので、(148) 国王官僚の都市参事会への介入を排除していたようにみえる。また都市参事会員の選出に国王・州総督・高等法院などが明らかに介入した例は、宗教戦争の混乱の際を除いてほとんどない。(149) しかし都市参事会の議事録には、しばしば勅書 lettres missives、国王から派遣された委任官 commissaire、州総督本人または書簡、高等法院からの委任官または判決そのほかの指示・命令の到着が言及されており、そうした場合の都市参事会の議題は、国王・州総督・高等法院によって規定されたとみられる。都市参事会の議題には、都市特権などに関わる国王との交渉、都市財政、都市防衛、治安行政、祝祭ないし儀式の指示などがのぼっているが、国王・州総督・高等法院などの命令は都市財政と治安行政の領域でとりわけ顕著であった。以下ではこれらの領域について具体的に権限分担のありようをみていく。

(2) 都市財政

ルーアンの都市財政記録は、十六世紀については限られた年のものしか残されていないが、そうした記録と都市参事会議事録を参照すると、通常の収入源としては市場使用料と間接税など、支出先としては市城整備そのほかの公共建築の費用、都市当局が主導する祝祭の費用、都市役人への報酬、救貧、国王のための支出などがあげられる。ここに国王と国王の地方機関などが介入したのは、主に国王から都市への財政負担要求と徴税認可、および都市の会計検査の場合である。

国王からルーアンへの財政負担要求は、イタリア戦争期では一五二〇年代から頻繁になった。特に一五四二年から四三年にかけて、国王はルーアンに与えている大市開催と軍隊召集・陪臣召集免除の特権 privilèges des foires et de l'exemption du ban et arrièreban の確認を担保に、五万リーヴルを要求するという、都市特権を侵害する手段をとった。(150) しかしそれ以外の場合には、国王からの要求は傭兵の俸給分や大砲・火薬の要求、パヴィアで敗北した国王の身代金のための負担要求というかたちをとった。

こうした要求の金額は一五二〇年に一万リーヴルだったが、一五二八年に国王の身代金として七万五千リーヴルが要求され[151]、一五五〇年前後には一年あたり八万リーヴルを超えた[152]。宗教戦争期にもこのような国王からの要求が続き、一五八九年のリーグ蜂起までに税に対する不満が鬱積していた[153]。

都市当局は国王からの負担要求に応じるためにしばしば新税を導入し、これを国王と高等法院から認められた。一五〇九年の記録によれば、都市が国王に徴収を認められている間接税の対象は葡萄酒、鰊と麻布・カンヴァス地であった。このとき国王はルーアンに葡萄酒と鰊の関税の増額を認める勅書を送ったが、都市参事会は商業への打撃を警戒して、都市財政が危機に陥ったときまで徴収の延期を認めるよう高等法院に請願するとした[154]。このときにはすでに、国王だけでなく高等法院もまた新税を認可する際に都市財政に介入できたとみられる。一五二七年には都市当局は、国王からの軍事費要求に応じるために市債を発行するとともに、塩にも課税した[155]。一五四三年には国王からの軍事費要求に応じるため、ルーアンの肉屋組合と高等法院が畜肉税 aide du pied fourche の設定で合意し、都市参事会はこれを受け入れた[156]。四九年には染料の茜と大青 garence et pastel も課税対象となった[157]。一五六七年には、宗教戦争の緊張が高まった時期の臨時の措置とみられるが、高等法院が判決で、「次の復活祭まで」緊急の場合には都市参事会がブルジョワの同意を得なくても、公定価格 prix du roy の十パーセントを課税し、市債を発行することを認めた[158]。

また一五五六年に都市参事会は大青、麻布、葡萄酒の徴税請負を設定した[159]。一五六六年には国王が、都市が徴収する税の請負契約をル・ヴィラン Le villain なる人物に直接認めたので、高等法院からこの請負について知らせを受けた都市参事会は、国王に撤回を求める[160]、あるいはヴィコント府およびロメーヌ税関の関税と、麻布・カンヴァス地、鰊、塩、葡萄酒の間接税の五項目の請負契約を、あわせて八万リーヴルで買い戻すことを検討した[161]。

国王は都市に対して新税を認可するだけでなく、国王からの度重なる軍事費要求に都市が財政状況の悪化を訴えると、しばしば都市の会計検査を命じた。ところで都市の会計検査については、国王だけでなくルーアンの高等法院、租税法院と、会計法院（パリまたはルーアン）がこれを命じ、これらの機関は都市財政を監督する責任の所在を争っていた。

まず国王は一五一六年にルーアンのバイイまたは代理官に、管轄下のすべての都市から毎年の財政規模・税額の報告を集めるよう命じた。[162] 一五四七年九月には国王が大法官をつうじて、バイイまたは代理官、高等法院の国王弁護士、報告される会計年度の都市参事会員と現職の都市参事会員、地区の代表などの立ち合いで、ルーアンの都市参事会で都市の財政状況が報告されるよう命じた。この命令を受けて、都市参事会はまず租税法院と聖堂参事会にも助言を求めるとしたが、[163] この報告が遅れたらしく、翌十月に国王は重ねて勅書を発し、都市参事会員ら都市財政の担当者が要求された報告を提出しない限り、都市参事会員が都市の収入を預かる権利を停止するに至った。[164] 一五五一年には国王が高等法院の格上の ancien 評定官に都市の会計検査に立ち合うよう委任 commission した。[165] 一五五六年に都市参事会は、都市財政記録をパリの会計法院に提出し、ルーアンの租税法院が「都市（財政）のすべての項目を知ろうとする」ことは都市の慣習に反すると、国王に訴えるとしている。[166] 一五七一年に高等法院が都市から高等法院への会計報告を命じた際には、都市参事会の記録によれば、会計法院が監督すべきとの反発から報告を提出していない収入役がいた。[167]

高等法院による都市財政への監督については、ルモニエ＝ルサージュが高等法院判決の例をいくつか挙げて、高等法院の権限に都市財政への監督が含まれたとしている。しかし例として挙げられた判決は一五八九年から九四年までの、リーグ派の聖職者・高等法院官僚らが加わった都市行政体制がしかれていた時期のものに限定される。[168] したがって逆に高等法院がルーアンの都市財政を直接統制下に置いたのは、一時的なことでしかないと言えるだろう。しかし十六世紀において必ずしも高等法院が都市財政に関わらなかった証左としては、一五四八年に国王が都市に要求した軍事費の財源をめぐって、高等法院がバイイ総代理官に助言を求められたが断った例がある。[169] しかし都市財政に関する国王からの勅書がしばしば高等法院経由で都市当局に伝えられたうえ、都市の会計検査、都市の関税・間接税を認める勅書の登録、市債発行の承認といった場合に、高等法院は都市財政に関与した。[170]

このように十六世紀における都市財政については、まず国王が都市に対して軍事費要求と新税の許可を繰り返した。その結果として都市の財源と収入を増やすいっぽう、都市の財源と支出先をともに国王が規定するという意味で、都市財政の自律性を損なったと言える。また国王からの要求は都市財政の悪化を招き、国王とともに租税法院・会計法院などが、都市財政を監督する権限を発揮するようになった。なお都市が財源確保のために市債を発行すると、都市当局の役職者などが市債購入によって、自らの財産と都市財政との結びつきを強めた可能性がある。[171]

(3) 治安行政

ルーアンにおける治安行政は、十五世紀末にはすでに都市行政の領域の一つになっていた。この領域には具体的には、疫病対策、救貧、手工業の規制と振興といった経済政策などが含まれる。こうした問題について、十六世紀初頭には都市参事会で議論が提起されたが、後には高等法院が都市参事会に対策をとるよう指示する、あるいは対策を提示して都市参事会に受け入れされるようになった。

疫病対策については、十五世紀末には都市当局と教会とのあいだで教会に対する都市の主導性が確立し、都市参事会が施療院と教区教会に対応を指示していたとみられる。例えば一四九六年には都市参事会がマドレーヌ施療院の「ナポリ病（梅毒）」患者について、地元ルーアン・ヴィコント区以外の出身者の追放を決議した。[172] また一四九九年に都市参事会は、豚や家禽の飼育禁止、街路へのごみ出しの禁止、肉屋のごみ捨て規制など疫病予防のための命令を、教会が都市民に周知すべきとした。[173]

しかし一五一〇年代以降には、この領域に高等法院が介入するようになった。その場合に高等法院は治安令を判決として出すとともに、都市参事会に代表を派遣して判決について知らせ、必要な対応をとらせた。例えば一五一一年に都市参事会で疫病対策が議論された際に、高等法院の院長らが出席して、マドレーヌ施療院での洗濯について規定したほか、各教区の司祭代理が患者発生の状況を知るため戸口調査をおこない、調査結果を地区長に報告するよう命じた。[174] 翌年と一五一九年には高等法院が疫病対策に関する判決を出し、都市参事会はそれをほぼ受け入れた。この一五一九年の治安令はバイイと国王役人 gens du roy にこの執行に当たるよう命じ、各教区司祭または代理と教区会計官 trésorier には治安令を周知するよう命じるとともに、必要に応じて罰金を科すことを認めた。[175]

救貧政策について、一五二五年の国王虜囚の際に都市参事会は、失業中の健康な者 valide に都市工部官が市城整備の仕事を与えるとした。聖堂参事会も貧民の信仰を確認するという条件つきで、この政策に賛意を示した。[176] このときには高等法院の指示があったかどうか確認できない。一五三三年には高等法院に救貧に関する請願があったとして、高等法院の国王弁護士ビゴ me Laurens Bigot が都市参事会に出席した。ビゴはそこで都市検察官に対策をとるよう命じ、またパリの救貧状況を問い合わせて、ルーアンでも同様の政策が可能かどうか検討することを提案した。[177] 翌年にも高等法院の命令で、都市参事会に高等法院代表や聖堂参事会代表、市内の主な修道院と施療院の代表、ヴィコント、都市民代表らが集まり、市内出身の「真の貧民 vrays poures」と余所者の浮浪者を区別して、後者を市外に追放すること、前者については各人の状況を記録し、そのために国王弁護士とバイイ総代理官、聖堂参事会員の一人、修道院長の一人、都市参事会員二人と都市検察官が監督に当たることを決議した。[178] 貧民に関する情報収集としては、この後一五五七年にも、都市参事会が市内・郊外区・近郊区の健康な貧民に関する名簿作成と労働の分配を計画し、八から九千人の貧民を数えた。[179]

さらに救貧・疫病対策の実務を担う新しい機関・役職として、一五四二年にまず救貧会計官 trésorier des pauvres が全市に二人、施物係 distributeur des pauvres が各地区に二人ずつ設置された。これらの役職者は半年任期で、都市参事会によって選出されるが、その改選は高等法院の定期的な判決によって命じられた。[180] 一五四四年には高等法院判決によって、高等法院官僚を中心とする救貧室 chambre des pauvres が設置された。高等法院はこの設置を都市参事会に知らせるとともに、施物の分配方法、物乞いの禁止、余所者の追放を確認し、[181] また教会・官僚・ブルジョワから施物を集めるための判決を出している。[182] 一五五二年には救貧室の命令で、都市参事会に市内の修道院長・高位聖職者と三十二人のブルジョワが召集された。そこで教区司祭や会計官による貧民の調査と救貧費用の算出、都市当局による健康な貧民の使役、その日当と施物にあてるための市債発行、マドレーヌ施療院の財政状況やノルマンディ全体の救貧組織の状況の調査などが確認され、その直後に救貧室の判決で、救貧会計官と施物係が管理する金庫 Bourse が市庁舎に設けられた。[183]

一五五四年には勅書によって、施療院を監督するための救貧局 bureau des pauvres が設置された。この勅書については高等法院院長が都市参事会に伝え、高等法院代表、大司教代理、聖堂参事会代表、都市参事会代表、ブルジョワなどが救貧局に参加することになった。[184] 後には別の勅書を受けて、ここに救貧監督官 administrateur de pauvres がおかれ、都市参事会がその役職者を選出することになる。[185] 一五五六年に高等法院がペストの流行について国王顧問会に知らせると都市参事会に伝えた際、都市参事会は「とりわけ都市の特権を維持するために」国王顧問会に使者を送ることに同意したが、[186] 国王などが具体的にどのように介入したかは明らかでない。一五八〇年には高等法院が判決で、ペストにかかった貧民に食物を与える名士 notable を二人、都市参事会が選出するよう命じた。彼らは予算として千リーヴルまたは千エキュを任され、ほぼ半年ごとに交代する。[187]

このようにルーアンにおける救貧政策・疫病対策の担い手として、十六世紀初頭にすでに教会よりも世俗機関が主導的であったが、十六世紀のあいだに高等法院が方針を決定するようになり、都市参事会が高等法院の決定に対して受け身になった。また情報収集のための調査が命じられ、新しい役職が設置されて、具体的な対策がとられるようになった。

治安行政の全般的な権限をもつ役職として、一五六六年に治安監視係 intendans sur le faict de la pollice が設置された。これは王令を受けて高等法院が都市参事会に選出を命じたものである。都市参事会は高等法院の委任官二人の立ち合いで、各地区で地区長とともに治安を監視すべきとして、この役職に二人ずつを指名した。(188) 翌年、高等法院の命令で都市参事会に治安監視係と高等法院の委任官などが集まり、高等法院の治安令に同意して、穀物・木材・燃料用木材・肉・醸造酒の商人または製造業者を監督するために各地区からさらに二人を選出すること、宿屋の主人は毎晩宿泊客の名前、身分、住所、携帯している武器を市庁舎に届けること、手工業者は雇い人の名前と雇用期間を都市の書記官に届けること、そのほか都市防衛体制などについて決議した。(189) 高等法院は一五六九年にも都市参事会に委任官を派遣して、穀物倉庫を管理する名士 notable を選び、また地区長が治安行政に関する訴えを聞く体制を整えさせた。(190) 一五七二年に王令で治安監視係の設置が確認されると、都市参事会は治安行政を担当する都市参事会員一人と各地区に一人ずつの治安監視係を選び、(191) 同年十一月の改選から半年ごとに各地区に治安監視係一人と名士一人を選出する。(192) 一五八二年に都市参事会は、治安監視係が徴収する罰金を救貧財源にあてることを検討した。(193)

治安行政は、右の一五六七年の例のように、いくつかの職種に対する規制を含む。十六世紀の都市参事会における商業・手工業についての議題には、パンなど必需品の統制と疫病対策または犯罪対策としての規制が目的であった例が多い。例えば都市参事会は疫病対策として一五〇〇年に肉屋の屠殺を規制した。(194) 一五一〇年には都市参事会の命令で床屋にペスト治療を禁止し、宿屋と居酒屋には大市の時期にあわせてペスト患者が出たかどうか表示させ、ペストの疑いのある客の宿泊を禁止した。(195) 一五一一年には患者を出した宿屋、居酒屋、パン屋、肉屋などの閉店を命じた。[196] その数日後に、すでに述べたように高等法院院長が疫病対策に関する命令を都市参事会で指示した。そのなかには、市内を流れるロベック川でのビール醸造禁止が含まれる。[197] 一五一九年には高等法院が治安令で、宿屋と居酒屋に対して娼婦や浮浪者の宿泊と店内での賭博を禁止した。[198] 高等法院はさらに一五三四年の治安令で、染色業者をヴィコントと組合幹事が監督し、判決を執行するために必要に応じてバイイが罰金を科すとした。[199]

パンの規制については、一五〇七年に高等法院評定官が都市参事会に必要な対策をとるよう命じたのを受けて、都市参事会がパン屋に、ヴィコントの立ち合いでパンの重さを規定させ、[200] 一六年には都市参事会がパンの公定価格を決議した。[201] 一五五一年に都市参事会は国王役人 juges et gens du roy がパン屋に適正な重さを守らせるべきとしている。[202] 一五六五年には小麦不足・パン価格高騰のため、高等法院の国王検事長が出席しての都市参事会で、パン屋が使用する小麦の量とでき上がるパンの重さを確定するための実験 essay をすることが検討された。[203] ルモニエ＝ルサージュによれば、高等法院は一五七八年に判決でパン価格などを認可した。[204]

高等法院が経済規制の領域に介入できたのは、ノルマンディ最高法院が一四九七年にルーアンと近郊の毛織物業者の争いを調停した先例があり、[205] また職種ごとの規約をめぐる上訴をヴィコント府、バイイ府から受けるためでもあっただろう。さらに高等法院は救貧・疫病対策への介入を強化していたので、ペスト対策を足掛かりに経済規制に関する権限を拡大できたのかもしれない。このような高等法院の権限拡大に対して、都市参事会は政策や方針の決定を高等法院にゆだねているが、治安行政の実務を担う新しい役職が設置されると、そうした役職者を選出し、また財政に関する決定をおこなった。

（4）都市防衛

ルーアンの都市防衛施設としては市街を囲む城壁と門があり、この城壁と、市内にある宮殿 vieux palais と城砦 château、市庁舎、郊外の聖カトリーヌ要塞に大砲が備えられていた。都市防衛団体としてはバイイ府に四十人の警吏 sergent が所属し、都市民の間では中世に免税特権を得た五十人隊 Cinquantaine（弩隊 arbalétriers の別名）と、[206] 十六世紀に新設された火縄銃隊 arquebusiers、さらに一五六二年以降に組織整備される都市民兵が形成されていた。リュシアン＝ルネ・デルサルによれば、ルーアン市民 Rouennais は中世以来、地区ごとに昼間の門衛と夜警を担い、門衛については武器自弁が義務づけられていたとされる。[207] 都市民の一部は武器を、特に十六世紀以降には銃を所有していた。また都市当局は、市城整備のために囚人や貧民を雇い入れたり、各教区に人夫を割り当てて城壁を維持した。[208]

都市防衛を監督していたのは、もっぱら州総督とその代理、およびバイイである。一五一二年から三一年まではノルマンディのグラン・セネシャルであるブレゼ Louis de Brézé, comte de Maulévrier が、「ノルマンディにおける国王の総代理（州総督と同格の称号）にしてルーアンの都市防衛隊長」と呼ばれ、ブレゼの死後にルーアンのバイイであるヴィルボンが都市防衛隊長職を引き継いだ。[209] 宗教戦争期には、一五六三年に州総督代理となったカルージュの役割が大きかった。[210] 都市参事会は、国王や州総督、バイイの命令を受けるか、そうした命令がなくても必要と判断した場合に、市城整備、門衛・夜警の強化、都市民に対する武器所有状況の調査、新しい都市防衛団体の組織などを議論した。また都市参事会が都市防衛に関する重要な議論をおこなう際には、ふだんはバイイ代理官が出席しているのに対してバイイ本人が出席したり、グラン・セネシャル、州総督または州総督代理が出席した。市門の鍵を管理するのも、グラン・セネシャル、州総督またはその代理とされ、いずれも留守の場合に都市参事会員がそれを管理した。[211]

都市防衛には対外的な自衛と市内の秩序維持の機能があり、都市の対外的な自衛にはさらにいくつかの機能がある。まず国王との関係において、市内の勢力が国王と敵対する場合がある。ルーアンでは宗教戦争中の一五六二年四月から十月までユグノーが市内を制圧していた時期と、一五八九年二月からから九四年三月までカトリック・リーグが市内を制圧していた時期がそれに当たる。なおユグノーは包囲戦の末に鎮圧され、リーグは包囲戦をしのいだ後に国王と和解した。しかし後で述べるように、これが都市民による自衛であったとは必ずしも言えない。

これ以外の場合には、都市の対外的な自衛体制は国王に協力的に機能した。一五二五年に国王がパヴィアで敗北し捕虜になった際、この知らせを受けた都市参事会は、グラン・セネシャルのブレゼと高等法院の院長・評定官らの出席のもとで、都市防衛体制の強化を議論し始め、[212]火縄銃隊を創設した。一五四〇年代から五〇年代にフランドル付近や英仏海峡が戦線になると、都市参事会は住民の武器所有状況の調査や門衛の強化を図り、[213]一五五八年にはル・アーヴルに銃を持った男たちを派遣するかどうかを検討し、[214]またルーアンの港に入った外国船に対して上陸を禁じた。[215]イタリア戦争期に国王は、ルーアンの都市参事会に軍事費や武器を要求しただけでなく、戦勝を報告して祝賀儀式をおこなわせ、それによって国王の戦争に関心を引きつけた。都市参事会もまた、国王軍の状況について情報を集めるなどの関心を示した。[216]

宗教戦争期に入って、一五六二年のユグノー蜂起が鎮圧されると、都市参事会はバイイのヴィルボンの出席のもとで、カトリックのみによる都市防衛体制を地区ごとに整備し始め、高等法院にも認可を求めるとした。[217]これが都市民兵にあたるが、史料には民兵 milice という言葉は使われておらず、隊長 cappitaine とその部隊 compagnie または「隊長とその配下 lesd cappitaines et leurs membres」などと呼ばれた。[218]一六一五年のコンデ大公の反乱の際にも、州総督モンバゾン公 Hercules de Rohan, duc de Montbazon が都市参事会に書簡を送って、緊急の場合には昼夜を問わず十二人の都市民兵隊長が秩序維持に当たるよう確認し、また地区ごとに組織されている武装可能なブルジョワと、五十人隊・火縄銃隊それぞれの集合場所、市門の開閉の手順、夜の巡回方法などを規定させた。(219)

都市の自衛にはまた、必ずしも国王とは関わりなく都市を守る機能があり、門衛によってペスト患者やペスト発生地域からの物品、浮浪者の流入を阻止していた。ペストや浮浪者対策を含む治安行政の領域では、高等法院もまた都市防衛に介入した。例えば一五五九年にディエップでペストが発生したとして都市参事会が門衛の強化を命じると、高等法院は都市参事会の決議を判決で追認するとともに、すでに出されているペスト対策に関する判決を確認するよう都市参事会に伝えた。(220) 一五九六年にも高等法院が判決で都市参事会に、ペストが流行している土地からの家財や商品の受け入れを禁じて門衛を強化するよう伝え、また浮浪者追放を命じた。(221)

以上の機能を発揮するための都市の武装特権は十六世紀を通じてほぼ維持されている。例外的に、国王は一五六三年のアンボワーズ王令とルーアン王令で武装解除を命じた。(222) ルーアン王令が出されると、都市参事会は国王および州総督代理のカルージュの要求に応じるかたちで、地区長に対して各地区の住民に武器を提出させるべきとした。(223) しかし翌六四年七月の、国王と州総督ブーイヨン公 Robert de la Marche, duc de Bouillon による治安令においては、武装特権を持つ者以外の武器携帯が禁止されたにとどまり、(224) 一五六七年に高等法院が出した治安令では、カトリックのブルジョワに対して所有する武器を常に使える状態にすべきとされたので、(225) 都市全体の武装解除は進まなかった。またリーグと和解した後、国王は聖カトリーヌ要塞の取り壊しを命じたが、(226) 城壁を維持し、火縄銃隊と五十人隊の特権を確認した。(227) さらに州総督モンパンシエ公 Henri de Bourbon, duc de Montpensier が都市民兵隊長などの欠員の補充を命じて、(228) 都市防衛体制を存続させた。

しかし都市の軍備は一五二〇年代から国王によって弱められていた。実際にルーアンにどれだけの武器が備えられていたかは不明だが、一五二五年に都市参事会は、都市防衛のために槍と銃などのほか、大砲など三十八門が必要だとしている。[229] それに対して国王は一五二〇年代から三〇年代に頻繁に、都市が保有する大砲を国王軍に引き渡すよう要求した。都市参事会によれば一五三七年までに、ルーアンから国王に二十七ないし二十八門の大砲を差し出したため、都市に十分な大砲の備えがなくなったとされる。[230] 一五四五年に、国王が州総督経験者のラ・ミユレー Charles de Moy, chevalier, sieur de la Milleraye（一五三六年に州総督）をつうじて、ルーアンの大砲すべてと市庁舎に保管されている鎖鎧すべてを要求した際には、都市参事会はこれを拒否した。[231]

ルーアンの自衛体制の破綻は、宗教戦争期における駐留軍の配置によっても明らかになった。一五六二年のユグノー蜂起鎮圧後、バイイのヴィルボンが率いる軍隊がルーアンにとどまることになり、[232] それ以来、駐留軍の宿営がしばしば都市参事会の議題になった。[233] ルーアンを反国王勢力が制圧していたあいだについても、一五六二年に蜂起したユグノーはイングランドに支援を求め、また包囲戦ではモンゴムリ Montgommery の指揮下にあった。[234] いっぽうリーグ制圧期にはヴィヤール Villars が率いる軍が駐留していた。[235] 都市参事会の議論においても、宗教戦争期には自衛体制を維持するより、蜂起の不安があるときには太后に軍の派遣を求める、[236] あるいは国王・太后のほかにもルーアン大司教ブールボン枢機卿、モンパンシエ公 monseigneur de Montpensier（Louis II をさすか）らに書簡を送るかどうか検討し、[237] 実戦経験のある近在のカトリック貴族 gentilzhommes を都市に招くなどの対応がとられた。[238]

したがって、十六世紀における都市の対外的な自衛機能、および蜂起を防止するといった対内的な自衛機能は低下したと言える。[239] しかし治安行政が強化されるなかで、都市防衛団体には蜂起だけでなく犯罪の防止が要求された。都市参事会が都市防衛団体に蜂起や犯罪の防止を期待した例として、一五七二年のパリの聖バルテルミ虐殺後にルーアンで虐殺事件が起きた際、都市参事会が都市民兵隊長と五十人隊・火縄銃隊の隊長に国王が虐殺を非難していると知らせ、[240] また高等法院判決を受けて都市防衛にあたる四百人のブルジョワを都市参事会に召集して、国王に奉仕する意志を確認した。[241] 一五七五年にも都市参事会が都市民兵隊長と五十人隊・火縄銃隊の隊長に、治安を守ると宣誓させた例がある。[242] ジャン＝ピエール・バルデによれば、十七・十八世紀には都市民兵の召集は例外的になったものの、五十人隊と火縄銃隊が夜の市内を巡回し、犯罪や火災に対処したとされるので、[243] 犯罪などを防ぐ意味での秩序維持機能は引き継がれた。

さらに都市防衛がもつ秩序維持機能については、都市防衛団体の組織整備そのものをつうじて、都市民の武装に関する秩序が確立された側面も見出せる。都市民の武装に関する秩序の確立について、一五一二年に高等法院の主席院長セルヴ monsr de Selue が、都市参事会に百人長・五十人長・十人長を召集して、「国王と大法官により、ルーアンのような都市が十分に防衛され、またその住民 les gens et habitans dicelle が都市の安全と防衛のために良く武装すべきと命ぜられた」と述べ、百人長らが市内の各家 maisons にある武器を調査して、「復活祭の十五日後までに」書面にするよう命じた。[244] 一五二四年には高等法院の判決を受けて都市参事会で夜警が議題になり、高等法院の国王弁護士カラダス M'e Nicole Caradas が都市参事会に、地区ごとに住民の名簿 ung Roulle des demourans et residens を作って夜警に当たるべき者を把握するよう提案し、都市参事会は夜警について高等法院とさらに協議するとした。[245] 翌年の国王虜囚の際にもカラダスが都市参事会に出席して、警吏と五十人隊の閲兵式をおこない、また地区長に住民の武器所有状況を確認させるよう提案した。[246]

このときに都市参事会で始まった火縄銃隊の創設をめぐる議論では、地区長に住民が武器を所有しているか、または武器を購入できるかどうか調査させ、最終的に一千丁の銃を用意して、都市参事会が指名する各地区の二百五十人の男に分配すると決議した。[247] ただし実際に千人が組織されたかどうかは確認できない。火縄銃隊の人数はその後、一五三二年に王太子が州総督として入市式をおこなった際に六百人、一五五〇年の国王入市式の際に三百人となり、[248] この国王入市式の頃に、火縄銃隊が五十人隊と同様の免税特権を獲得した。[249] その人数は一五六五年に百人と記録され、六六年以降は百四人で定着した[250]。火縄銃隊の形成にあたって、都市参事会は当初、十分な数の銃を住民に分配する目的を掲げたが、次第に規模を縮小し、最終的には規約をもつ特権的な団体とした[251]。

一五六二年のユグノー蜂起鎮圧後に、都市民兵の組織整備に関する議論が、都市参事会においてバイイのヴィルボン出席のもとで始まった。都市参事会はユグノーに武装解除と駐留軍の宿営および市城整備ための費用負担を命じるいっぽう、地区ごとに百人の武装したカトリック教徒を組織して、各門の門衛に二十人ずつ配置し、幹部としては地区ごとに隊長、副官、旗手、兵長、伍長、太鼓手、ファイフ phiffre（管楽器）手をおくとした。また隊長は州総督に宣誓すべきとし、これらの決定について高等法院に認可を求めた[252]。この後、隊長の数は地区ごとに一人から全市で十四人までの幅で変動し、一五七四年以降には全市に十二人で定着した[253]。武装すべき人数は一五六二年の四百人から、七二年に全市で千人となった[254]。

このような都市民兵の組織整備にともなって、当局は一部の都市民を武装解除し、また一部の都市民に対しては都市防衛への参加の義務を免除して、都市民の武装に関する秩序を確立しようとした。武装すべきでないとされる人々については、まず一五一九年に高等法院が出した治安令で、武器を持つにはバイイなどの許可が必要だが、無許可で武器を持っている浮浪者が多いとして、奉公人に短剣 pognars ou longs couteaulx を持たせることを禁止し、長剣そのほかの攻撃的な武器 espees rapieres et autres bastons offensables の携帯を国王役人、貴族、司法官 ministres de iustice に限って認め、宿屋の主人が宿泊客にこの命令を周知するよう命じていた[255]。しかしこの治安令では規制の対象が余所者のみか都市民を含むのか明確でない。都市参事会が一五二五年に各地区住民の武器所有調査をおこなわせた際、また一五三六年に武器所有調査とあわせて州総督ラ・ミユレーに銃の備蓄について問い合わせた際には、武装すべきでない人々に言及しなかった[256]。

しかし一五六二年には都市民兵の組織整備と平行して、都市参事会が都市民兵隊長に管轄区住民の武器所有状況を把握し、武装すべきでない人々、特にユグノーから武器を没収するよう命じた。[257] ユグノー以外の人々に対しても教区ごとに武器所有調査をおこなわせ、[258] 各家の家長が都市民兵隊長の許可なく武装したり、奉公人などを武装させることを禁止した。[259] すでに指摘した一五六四年の州総督ブーイヨン公と国王による治安令では、武装特権を持つ者以外の武器携帯を禁止しただけでなく、各家の住民と奉公人の姓名を届け出るよう命じた。[260] これらの治安令は、当局が都市民に対する武装規制を次第に強化し、武装を公認される都市民を、都市防衛団体の構成員に限定しようとしたあらわれであろう。

都市防衛への参加の義務を免除される人々として、聖職者については一五二五年に、都市参事会によって都市防衛への参加を「強制されないが、必要な協力を求められる」とされた。[261] その後一五六三年に聖堂参事会員が国王から門衛の免除を認められ、[262] 一五七五年には聖職者全体が国王によって門衛・夜警を免除された。[263] また特権を持つ者 privilegiez と都市参事会員は、平時の門衛・夜警に本人が en personne 行かなくても良いとされていたが、[264] 危機的な状況下での門衛にはブルジョワや名士の本人が武装して参加するよう、都市参事会が繰り返し命じていた。[265] 宗教戦争期に入っても、一五六二年に都市参事会は「特権を持つ、持たないに関わらず」カトリックの十分な人数が門衛に当たるべきとした。[266] 一五七二年に都市民兵が千人に増強された際には、その名簿に高等法院と租税法院の官僚が含まれ、また隊長候補に挙げられた十六人のなかには貴族 sieur の称号を持つ者が二人含まれていた。しかし、このとき都市参事会は高等法院と租税法院の官僚に、都市民兵への参加の免除について本人が州総督と直接交渉するよう求めた。[267] したがって官僚は都市民兵への参加を不服とし、州総督の決定しだいで参加を免れたと考えられる。一五七五年に四人の高等法院評定官が都市民兵隊長に選ばれた際に高等法院は、高等法院官僚がその役職につかないとする判決を出して、カルージュに参加の免除を要求した。[268]

未亡人・未成年者と老人については一五六三年以降、代理や防衛費用の代納が可能だと確認された。[269] そのほかのブルジョワについて、都市参事会は一五六九年に、本人が門衛に行くことができないブルジョワは、都市民兵隊長に代理となる奉公人の名前を届けるか、奉公人を使っていない場合には同じ教区の住民の名前を届けるべきとした。(270) 一五九五年に高等法院が出した治安令においてもまた、門衛・夜警に当たるブルジョワは武器を携帯し、隊長の許可を得ずに持ち場を離れないようにとの規定とともに、やむを得ず本人が行けない場合には武器を扱える者を代理に立てるべきとする規定が含まれた。(271) したがって宗教戦争期以降には、容易に代理を立てられる都市民が、都市民兵への参加を避けやすくなったであろう。

このように当局は、都市防衛団体の組織整備と、武装に関するいくつかの治安令をつうじて、都市民の武装に関する秩序を確立しようとした。そのなかで都市防衛への参加をめぐって、特権として参加を免除される人々、正当に参加すべきブルジョワと住民、武装解除されるべきそのほかの住民や余所者が区別された。

そもそもルーアンの都市防衛体制は中世末期以来、「国王の総代理」とも呼ばれる州総督やバイイなど、王権を代表する人物の監督下に置かれ、都市の主導による自衛と言えなくなっていた。しかも十六世紀前半から国王が都市の軍事力を弱めたために、たとえ中世末期に自衛能力があったとしても、十六世紀にはそれが破綻した。宗教戦争期に入ると、都市参事会は自衛力を強化するよりも、必要に応じて駐留軍を引き入れた。そのいっぽうで十六世紀に都市防衛団体が組織整備されたが、その目的は軍事的な自衛ではなく、日常的な秩序維持と、都市民の武装に関する秩序の確立にあったとみられる。

(5) 都市民の再定義と都市の秩序

十六世紀におけるルーアンの都市行政については、宗教戦争勃発以前から、国王からの財政負担要求の急増、財政状況の悪化、人口移動とペスト流行による危機感の高まり、都市防衛における自衛から秩序維持への関心の移行などが生じていた。それとともに高等法院などの、王国の新たな地方機関が設置された。こうした変化に対応するために、バイイ・都市参事会と高等法院など新設の機関のあいだでは、財政と治安行政の領域において新たな権限の分担が形成された。ルーアンでは中世末期にすでに都市特権としての自治をほとんど失っていたうえ、国王からの軍事費要求が繰り返される一五二〇年代から、都市参事会では要求された金額や期限をめぐる国王との交渉と、財源確保が議論の中心になった。そのためか都市参事会では都市財政以外の領域に関する議論が減少し、新設の諸機関の権限拡大に対する抵抗をみせていない。

なかでも高等法院はノルマンディ全体を管轄する機関でありながら、所在地であるルーアンの都市行政、とりわけ治安行政に深く介入することになる。高等法院の介入とともに治安行政が強化された点については、二つの面での変化を指摘することができる。一つには、ルーアンの都市行政に関わる機関のあいだでの権限分担である。時期的に高等法院が治安行政に介入し始めたのは一五一〇年代で、国王からの軍事費要求が増大して都市参事会の関心が財政に移行したのは一五二〇年代である。高等法院による治安行政への介入に対して、都市参事会は治安行政に関する政策決定を高等法院にゆだねるとともに、治安行政の実務については、国王と高等法院の指示で設置された新しい機関または役職者にゆだねるようになった。それでもここに至るまでに、都市特権は大きな改変を被っていない。都市当局は財政面での自律性を維持して国王からの軍事費要求に応じ、治安行政に関しては都市参事会が役職者の選出と都市財政からの支出決定をおこなっているので、高等法院などによる介入が都市当局の機能を補強したとも言える。

もう一つには都市当局を含めた当局の側に立つ諸機関の機能の強化である。治安行政の深化は、その担い手である当局による情報収集と規範付与のための文書の増大を意味した。具体的には治安令のなかで、救貧を受ける人々について出身地と身体的状況などについて記録し、その条件によって救貧を受けるための方法が、例えば施療院に入るべきか、都市が与える日雇い仕事をするべきかなどと規定された。都市の人々の武装をめぐっても同様に、住民の武器所有状況についての情報を把握し、武装すべきあるいは武装すべきでないという規範を提示するような治安令が出された。こうした情報集約と行動規範の提示が、かつては同業組合規約における営業規制などとして身分・職種別に与えられていたとしても、治安令においては身分などの条件に関わらず、都市の人々全体を対象としてなされるようになった。このような治安令が、ペスト対策、救貧、そのほかの秩序維持・犯罪防止などの目的で増加し、さらにその監視などを担う役職も増設されたので、当局にとっては、都市全体を対象として文書による秩序維持体制と、実効的な指揮命令系統が整いつつあったと言える。

　このように治安行政が都市という枠組みで秩序をもたらそうとしていたのに対して、十六世紀においては都市民を表す用語すら確定しておらず、いくつかの語彙が使い分けられていた。例えば都市全体を結集する必要が生じた場合として、一五二五年の国王虜囚事件の後に国王が都市に身代金の負担を要求してきた際には、都市参事会に「市内四地区の貴族、司法官、商人およびそのほかのすべての身分の人々 nobles gens de justice marchans et autres de tous estatz des quatre cartiers de lad ville」が臨時に召集されたと記録され[272]、一五六四年に国王とブーイヨン公が出した治安令では「ルーアン市城内と郊外区のすべてのブルジョワ、商人、手工業者、およびそのほかの領民と住民は身分、職業、出自のいかんに関わらず tous bourgeois marchans artisans et autres manans et habitans et domicilles esd ville et faulx bourg de Rouen de quelque estat quallite et condi'on」対象となると書かれている[273]。勅書や都市参事会から国王宛ての書簡などでは、都市民を表す用語として「ブルジョワ、領民と住民 bourgeois, manans et habitans」がしばしば用いられたが、そのほかの場合、例えば都市参事会が都市防衛への参加や都市参事会への臨時の出席を認めた人々については、「ブルジョワ」、「ブルジョワと住民」、「市民 cytoiens」、「市民と住民」、「住民」、「名士 notables; notables bourgeois; eminens bourgeois」、「人物 personne; personnage」「男 homme」、あるいは人数を示す数詞などが用いられた。用語法の傾向として、より多くを動員する場合には「住民」や「男」、上層の都市民に限定する場合には「ブルジョワ」が用いられる。武装などに関する治安令においては、これらの用語に加えて「家長 maistres desd maisons」や「民衆 peuple」が用いられた。さらに救貧政策においては救済の対象となる「都市の真の貧民 les vrays poures malades de ville et jmpuissans」と対象でない者が区別され、後者は「余所者の浮浪者 oisifz vaccabondz maraulx sains et valides estrangers」などの語で言い表された。(274)

当時のルーアンでは人口が急増し、貧民や浮浪者の増加が問題視されるようになっただけでなく、富裕層にも新来の貴族、官僚、貿易商人などが加わった。(275) そうした人々は、空間的には農村部や周辺小都市、または貿易関係がある他都市からルーアンに移動し、ルーアンからパリまたは他都市に、あるいは貴族化して農村部へと移動したであろうし、階層的にも一代で、あるいは複数世代を経て上昇または下降したであろうから、当局にとっては都市民の定義が困難になっていたと思われる。しかも都市の人々の活動によって、経済面でも行政面でも都市と市外との結びつきが複雑化していた。それにもかかわらず、治安行政などの面では都市としての秩序が強化されようとしており、当局は正当な都市の構成員の再定義と、都市のあるべき秩序の確立を模索していたであろう。このような都市の共同性に関わる変化を前提に、以下では都市祝祭が果たした役割をみていくことにする。

第三章　都市祝祭

1　都市祝祭の概要

(1) 祝祭の種別と主導機関

十六世紀のルーアンで挙行されていた祝祭に関しては、都市参事会・高等法院・大司教座聖堂参事会の諸決定が史料に残っている。これらの史料をもとに、以下ではこの三者が挙行を決定し、あるいは内容について何らかの規定をした祝祭を検討する。そのような祝祭には、聖職者のみの行列・祈禱、または特定の信心会 confrérie の行列といった、参加者が比較的限定されるものから、聖職者・官僚、さらには職種ごとの代表も参加した国王入市式まで、さまざまな規模のものが含まれる。祝祭の挙行理由についても、特定の祝日におこなわれるものから、国王などの到着に際しておこなわれるもの、そのほかの祝い事に関するもの、または戦争などに際しておこなわれる祈願といった臨時のものまでが含まれる。最終的に挙行を決定したのは、史料を残している三者いずれかの機関とみられるが、これらの機関が国王・州総督・ルーアン大司教などからの挙行命令を受けた場合もある。そうした祝祭を、その定期性または不定期性と、主導した機関の聖俗の別に着目して分類すると、以下のようになる。

1　定期的な祝祭で、教会つまり大司教座聖堂参事会のみが指示しておこなわれるものとして、祈願祭、ノルマンディ回復記念日（百年戦争期のフランス王による「回復」を記念するもので、八月十二日）、聖セバスチャンの祝日、聖マルクの祝日などにおこなわれる宗教行列（「総行列 processions générales」、または「特別行列 processions particulières」、または形容詞のつかない「行列」）。

2　不定期に挙行される祝祭で、大司教座聖堂参事会のみが指示しておこなわれるものとして、天候不順の際または総贖宥 Jubilé 期間などにおこなわれる、宗教行列、および（または）特別な祈禱 prières。

3　定期的な祝祭で、教会と世俗機関がともに指示または規制しておこなわれるものとして、昇天祭（主導するのは聖堂参事会と聖ロマン信心会、許可ないし規制に高等法院が介入した）。また俗人によるさまざまな信心会が、それぞれ設定した祝日にミサ、行列、祝宴などをおこなう。[276]

4　不定期に挙行される祝祭で、教会と世俗機関がともに指示または規制しておこなわれるものとして、一つには国王の関心事、または天候不順、異端発見などに際しておこなわれる、宗教行列、特に総行列、および（または）特別な祈禱。とりわけ国王に関する祝い事の場合には、テ・デウム Te deum および（または）祝火 feu de joie と総行列との組み合わせで挙行される、あるいはテ・デウムのみ、テ・デウムと祝火のみで挙行される場合がある。もう一つには国王、有力王族、ルーアン大司教、ノルマンディ州総督などの行幸または訪問に際しての、入市式 entrée、および（または）祝火そのほかの歓迎儀式。また国王の訃報に際しての祈禱、大司教または州総督の葬儀など。

5　定期的な祝祭で、世俗機関のみが指示しておこなわれるものとして、謝肉祭（十六世紀においては〈コナールの修道院 Abbaye des Conards〉と称する俗人の団体が主導し、高等法院の規制を受けた)。
6 不定期に挙行される祝祭で、世俗機関のみが指示しておこなわれるものとして、閲兵式 Montre(バイイが率いる、都市に居住する貴族の武装行列、または武装した都市民による行列)。

ルーアンにおかれている聖俗の機関が一致して関心を示した祝祭には、上の4に分類されるものが多い。そのなかでも、国王入市式など国王の行幸に際しておこなわれるもの、および国王に関する祝賀や祈願を目的とする総行列とテ・デウムなどについては、聖堂参事会・高等法院・都市参事会の三者、あるいはそのうちの二者がともに記録を残した例がある。それに対して上の1に分類される祝日のなかで、まず使徒の祝日については、都市参事会が聖堂参事会または高等法院の指示を受けて、休業を命じた例があるが[277]、儀式の内容についての記録はない。それ以外のキリスト教の祝日などについても、聖堂参事会がいくつかの祝祭の挙行を記録しているが、高等法院と都市参事会は謝肉祭と昇天祭を主導する団体の特権を確認し、トラブルがあった場合に対応するのみで内容を記録していない。それでも上の1に分類される行列(「総行列」と記録される場合もある)のなかには、フランス王によるノルマンディ併合を記念するものと、一五六二年のユグノー制圧からの解放を記念するものが含まれ、都市の祝祭と国王との強い結びつきが示されている。

内容が記録されている祝祭の形式としては、聖職者・官僚・都市民らによる隊列の練り歩き、つまりパレードが好まれた。総行列の参加者は大聖堂から聖ウーアン修道院までなどの定められた行程をパレードし、入市式においても市内からの参加者がパレードで市城外に出て訪問者を迎えてから、訪問者とともにパレードで市城内に戻って大聖堂に入った。テ・デウムとは賛美歌の名であり、またその賛美歌を教会で歌う儀式を意味するが、テ・デウムの際にも都市参事会員と都市役人などが市庁舎から大聖堂までパレードした。そうしたパレードのひとつである一五五〇年の国王入市式では、当時ルーアンに所在していた修道院、王国の地方機関とその役職者、都市当局の役職者、都市防衛団体、職種ごとの代表などが参加者として記録されており、歴史家ベネディクトはルーアンの社会構造を紹介するために、この記録を借用している。(278)同様のパレードの記録が総行列についても残されていることから、当時の人々、特に祝祭を主導する聖俗の諸機関の目的は、入市式の訪問者など都市の外に対して都市の構成員を紹介するためだけでなく、都市が自らの姿をパレードによって確認するためでもあったと考えられる。

(2) 史料

聖堂参事会・高等法院・都市参事会の史料によって、パレード形式でおこなわれた祝祭のいくつかを具体的に検討することにより、以下の問題点が浮かび上がってくる。ひとつには、祝祭の挙行そのもの、および内容を決定して都市の人々を動員する際の、聖俗の諸機関の指揮命令系統における序列と権限分担関係である。挙行が決定される際には、三者のいずれかが国王の指示を受けている、あるいは国王からの指示がなくても国王の関心事を挙行理由としている例が多いことから、国王もこの指揮命令系統に加わっており、それらの祝祭が国王と都市との関係を確認し強化するものであったと言える。さらに聖堂参事会と高等法院とはノルマンディ全体を管轄する機関でありながら、ルーアンの都市祝祭の重要な主導者・参加者でもあり、それらの機関と所在地の関係は祝祭をつうじて確認・強化された。そのうえで史料から、挙行の提案あるいは指示がどのような経路で伝達され、挙行そのものの決定と、内容の決定に主導性を発揮したのはどの機関か、といった諸機関の関わり方を明らかにすることができる。

次にパレードにおける諸機関の序列関係を読み取ることができる。パレードの記録のなかに参加者の個人名が記載されることは稀であるのに対して、聖俗の参加者の身分、所属機関と役職などについては、しばしば詳細に序列化されて記載され、また所属機関ごとに揃いの衣装を着けていたこと、その序列が守られ、パレードが整然と、しかも盛大に進行したことについても記述されている。そのなかで上座裁判所・会計法院などが新設されると、そうした機関と役職者は、パレードに参加して既存の機関とのあいだで序列をつけられることにより、その権限の大きさと都市のなかでの地位を明示した。また都市参事会がそれらとの序列関係を不服として「名誉ある位置」を要求した例もある。したがって市内の聖俗諸機関のあいだでの権限または名誉の大きさによる序列が、パレードにおいて提示され、時には争われていたことがわかる。

以上を前提として、最後にパレードの参加規模の拡大あるいは縮小の背景を読み解くこともできるだろう。十六世紀をつうじて、とりわけ官職・役職を持たない住民の参加規模が、まず拡大し、後には縮小した。しかも規模の縮小とともに、そうした人々が多数参加したであろう総行列と入市式の回数の減少がみられる。回数そのものの減少は、国王の関心事をきっかけに挙行されていた総行列の一部が、テ・デウムと祝火を組み合わせた形態の儀式にとって代わられ、また国王入市式が十七世紀以降おこなわれなくなったことによる。祝祭を主導する諸機関が参加者によって都市を代表 représenter させたと捉えるならば、参加者の規模を都市を代表すべき人々の範囲と読み替え、そこに都市の共同性のあらわれ方の変化を読み込むこともできるだろう。

そのために参照できるパレードの記録は多くはないが、出版物と都市参事会議事録のなかにいくつかの入市式と総行列のパレードの、全体の構成を見ることができる。このうち出版物は事後に記録として印刷されたものであり、都市参事会議事録のなかには事後記録だけでなく、事前の計画と、計画か事後記録か判別できない記述が含まれる。これらの記録のうち、計画とみられるものについてはそのまま実現したかどうか不明であり、事後記録もまた誇張、さらには虚偽を含んでいる可能性があるので、こうした記述が事実を反映しているとは必ずしも言えないだろう。むしろこれらの記録は、記録者あるいは祝祭を主導した都市参事会などの機関がもっていた、都市の構成員の範疇と序列、および都市の秩序についての見方を反映したものと言える。

ところで入市式と総行列（および総行列に代わるものとしてのテ・デウムと祝火）をみるだけでは、大規模な都市祝祭の衰退、つまり回数の減少と規模の縮小を裏づけることはできても、その背景まで検討することは困難である。しかし閲兵式の挙行と都市防衛体制の組織整備と関連づけて分析することにより、都市当局が「この都市で武器を持っている人々の数を知るため pour scauoir aucunement le nombre des gens de lad ville portans armes」[279]に、閲兵式による視覚的・経験的な確認方法と、戸別調査と名簿作成という文書による確認方法をいかに用いたかを検証することができる。都市参事会史料では閲兵式についての記述が一五六〇年代を最後にみられなくなるいっぽう、その後も都市参事会と高等法院によって武装に関する治安令が出されている。したがって閲兵式を手がかりに、当局が祝祭と治安行政を使い分けた状況を明らかにし、都市の全体的な構成と秩序を表明し確認するという都市祝祭の機能を推し量ることができよう。

本論では、祝祭の記録として主に都市参事会の記録と出版された史料を用い、また祝祭の挙行が決定される過程についても都市参事会・高等法院と聖堂参事会の記録を用いながら、都市当局などが祝祭で表明しようとした都市の秩序について検討する。具体的に取り上げる祝祭は、入市式、総行列、テ・デウムと祝火、そして閲兵式である。

2　入市式

（1）入市式の概要

入市式はルーアンでは原則として、国王、ノルマンディ州総督、ルーアン大司教が即位または就任してから初めてこの都市を訪れる際におこなわれた。ほかに王妃・王太子、他国の君主、(280) 教皇特使の訪問に際しておこなわれた例もある。(281) これらのパレードの参加者構成について記録を残しているのは主に都市参事会である。高等法院は入市式については高等法院官僚が参加した記録と、参加者の序列に関する訴えがあった場合の判決を残している。聖堂参事会の記録の多くは大聖堂の中での式次第に限られる。また入市式のいくつかに関しては記録が出版されている。

それらの記録によれば、入市式は概して以下の形式でおこなわれる。まずルーアンの都市参事会を含む聖俗諸機関の代表が、到着すべき人物を迎えにパレードで市城外に出る。出迎えの人々は所属する機関・役職ごとに揃いの衣装を着ており、多くの記録ではその衣装について詳細な記述がある。行き先はたいてい対岸の聖スヴェール郊外区にあるグランモン修道院で、ここに訪問者が前夜から宿泊している場合が多い。出迎えの一行が相手に対面すると、いくつかの機関の代表が挨拶ないし歓迎の辞 harangue を述べる。それから出迎えの一行は訪問者の一行を加えたパレードで市内に戻る。例えば国王入市式の帰路のパレードでは、都市から迎えに出た一行の後ろに国王と宮廷人などが続く。一行が通過する市門と市内の広場では、さらに歓迎の辞が述べられ、モニュメントや舞台と活人画が用意される場合もある。パレードの帰着点は大聖堂で、ここで大司教・聖堂参事会員など大聖堂の聖職者が訪問者を迎えて祈禱などをおこなう。都市参事会員らは大聖堂での儀式の後、訪問者を市内の宿泊場所まで送っていく場合がある。以下では主に都市参事会に残されているパレードの参加者の記録から、入市式ごとに都市を代表するとみなされた人々の規模と序列をみていく。

(2) 諸機関による出迎え

一五〇八年九月二十八日のルイ十二世の入市式について、都市参事会は以下のように記録している。市庁舎から、バイイ総代理官とバイイ府の国王弁護士・検察官、都市参事会員六人、地区長四人、都市検察官、そのほかの都市役人 les officiers de lhostel commun、百六十から百八十人のブルジョワが、国王を迎えに出発した。市内の聖ウーアン修道院で、この都市の国王官職を有する人々 les personnes ayans et tenans offices du Roy と合流し、また五十人隊、造幣局の役人、そのほかの人々も加わった。一行はすべて騎馬で序列を守りながら、橋を渡って対岸のグランモン修道院に行き、そこで国王と対面した。ここで初めてグラン・セネシャルであるブレゼと男爵・騎士たち、ブレゼに率いられたブルジョワの子供たち五十人に言及されるが、彼らが市庁舎からの出迎えの一行に加わって市外へ出たのかどうかは不明である。ブレゼが国王に市門の鍵を渡し、バイイ総代理官のダール sr maistre Loys Dare が歓迎の辞を述べた後、一行は国王と宮廷人たちを加えて帰途につく。その途中で高等法院の院長と評定官、租税法院の総徴税官がさらに国王を出迎え、彼らも加えて市内に入る。橋門からは都市参事会員と地区長が交代で国王に天蓋 poelle をかけながら進む。大聖堂に到着すると、その入り口には大司教のほかに枢機卿一人、高位聖職者 prelat が何人かと、聖堂参事会員などが国王を待っていた。国王は大司教による祈禱を聞いた後に大司教館に入って宿泊した。[282]

次代のフランソワ一世の入市式は一五一七年八月二日におこなわれ、その記録では参加者についての記述がさらに詳細になる。このとき市庁舎から出発したのは、バイイのラバール sr Jehan de Labarre、バイイ総代理官のダール、バイイ府の国王弁護士・検察官、都市参事会員六人、都市検察官、地区長四人、都市収入役、書記官、工部官、ブルジョワ二百人、五十人隊とヴィコント、ヴィコント総代理官、その後ろに穀物計量官、葡萄酒仲買人、毛織物仲買人、都市の警吏三十人であった。彼らは騎馬でグランモン修道院に出かけて国王と対面し、バイイが国王に歓迎の辞を述べた。高等法院からは院長三人（定数は四人）、すべての評定官、民事・刑事の書記官、会計官、執達吏、弁護士と法曹家が出迎えに来て、主席院長が国王に歓迎の辞を述べた。次いでノルマンディ総徴税官 général de Normandie と、租税法院の院長と評定官、書記官、国王弁護士、検察官、法曹家、地方徴税官 eleuz、徴税区長 generaulx を代表して、租税法院長が国王に歓迎の辞を述べた。修道院の近くの野原には、グラン・セネシャルのブレゼが貴族とブルジョワの子供たちを率いて来ており、ブレゼもまた国王に歓迎の辞を述べて市門の鍵を差し出した。それから一行は国王を加えて帰途につく。橋門から大聖堂までは、都市参事会員と地区長が交代で国王に天蓋をかけながら、カルメル会修道院、聖ウーアン修道院、聖マクルー教会の前を通る行程をとって大聖堂に到着した。大聖堂の入り口で大司教と聖堂参事会員が国王を迎え、まず国王に説教 serment をし、それから大聖堂のなかで国王のために祈禱をおこなった。国王はその後大司教館に宿泊した。[283]

以上の二代の国王の入市式について、都市参事会の記録では大聖堂以外の聖職者の参加に言及されていない。しかし市内の教区と修道院の聖職者の参加がなかったとは必ずしも言えない。これらの国王入市式に先立って、大司教の入市式はもちろん、州総督の入市式についても聖職者が参加した記録があるからである。

一四九二年の州総督オルレアン公（後の国王ルイ十二世）の入市式について、事前に都市参事会でバイイ総代理官が出した結論は、「なるべく多くの人数」で「都市の三身分」が出迎えるというものであった。[284] 三月六日の入市式当日には、郊外の聖カトリーヌの丘でバイイ総代理官と三人のラッパ手に率いられたブルジョワ（数不明）と三十人の警吏が州総督を出迎え、その帰途の途中で四托鉢修道会と教区司祭が出迎え、市門には門衛が立ち、さらに大聖堂で大司教と聖堂参事会員らが公を迎えたとされる。[285] 一四九四年九月二十日の大司教アンボワーズ枢機卿の入市式については、聖カトリーヌでバイイ総代理官、バイイ委任代理官 lieutenant commis、ヴィコント代理官、水上ヴィコント、国王弁護士と国王検察官、二人の貴族、都市参事会員、都市役人、「そのほかの共同体を代表する名士 les autres notables personnes rep'ntans la communaulte」が大司教を出迎え、市内の聖ウーアン修道院で四托鉢修道会と司祭たちが大司教を迎えたとされる。[286] 参加する都市の名士の数について計画段階では八十人といった意見もあったが、結論は明らかでない。[287] なお一五一三年におこなわれた大司教アンボワーズ枢機卿（先代の甥）の入市式については、都市参事会が出迎えの参加者などについて記録を残していない。[288]

いずれにせよ、入市式の出迎えのパレードにおいて、都市当局の役職者とブルジョワ、高等法院および租税法院、さらに場合によっては聖職者などが都市を代表するという形式は、一五一七年のフランソワ一世入市式までに当然のものとなっていたと考えられる。この後、こうした構成は一五五〇年のアンリ二世入市式を頂点として拡大していく傾向が見られる。

（3）パレードの規模拡大

一五二六年九月二十七日に、それまでノルマンディのグラン・セネシャルという称号で呼ばれていたブレゼが、州総督として入市式をおこなった。このときの都市参事会の記録によれば、ブレゼが前夜宿泊した聖スヴェール郊外区にあるボンヌ・ヌーヴェル修道院への出迎えに、多数の聖職者が加わった。すなわち十字架や旗を掲げた教区司祭と礼拝堂付司祭および四托鉢修道会である。市庁舎からはバイイ、バイイ総代理官、国王弁護士・検察官、現職の都市参事会員、何人かの aucuns 都市参事会員経験者、何人かの都市法務官、多数の plusrs ブルジョワと商人が、騎馬で出かけた。都市当局の一行を先導したのはヴィコントとヴィコント代理官、都市の警吏、五十人隊であり、州総督と対面した際にはバイイが歓迎の辞を述べ、一行は州総督を加えて橋門から市内に戻った。高等法院と租税法院の出迎えについては言及されていない。むしろ天蓋を用意していたが州総督に拒否されたこと、また行程上の飾りつけなどが詳細に記録されている。州総督は大聖堂に到着して大司教と聖堂参事会員に迎えられ、大聖堂のなかで大司教による祈禱を聞いた後に大司教館で夕食をとり、市内の城砦に宿泊した。(289)

一五三二年二月四日に王太子フランソワが州総督としておこなった入市式では、出迎えの規模がさらに拡大した。ただしこの記録は、それまでのように都市参事会議事録に手書きされているのではなく、議事録のなかに十六頁の印刷冊子として挟みこまれたものである。(290) これによれば出迎えの構成員は以下のように膨らんでいる。


四托鉢修道会から多数 en bien grand nombre。

聖堂参事会長と教区の聖職者、続いて聖ウーアン修道院、聖ロー修道院、マドレーヌ修道院。

続いて市庁舎から、以下の序列で。

穀物計量官二十四人、騎馬。

葡萄酒仲買人二十四人、騎馬。

五十人隊、率いるはバイイ特別代理官、ヴィコント、ヴィコント総代理官。

バイイ府とヴィコント府の警吏四十人、騎馬で。およびバイイで都市防衛隊長を務めるヴィルボン、バイイ総代理官、バイイ府の国王弁護士・検察官。

都市参事会員六人と都市参事会員経験者、都市役人、および多数のブルジョワ、騎馬。

少し間を空けて、租税法院から、委任官と塩計量官は徒歩、葡萄酒検査官と書記官は騎馬。執達吏、院長、ノルマンディとブルゴーニュの総徴税官たち、四人の徴税区長、租税法院の評定官、国王弁護士・検察官、地方徴税官、塩倉庫管理官、租税法院の弁護士と代訴人。

その後に、高等法院の執達吏、民事・刑事の書記官、院長四人、評定官、国王弁護士・検察官、高等法院の弁護士と代訴人。

続いて火縄銃隊六百人と隊長たち。


これらすべての団体がグランモン修道院で王太子に対面し、高等法院の主席院長、バイイ、火縄銃隊の隊長の一人が歓迎の辞を述べた後、一行は王太子と貴族たちを加えて市内に戻った。市門から地区長が王太子に天蓋をかけ、また都市が備えている大砲と港にいた船の大砲とで祝砲を打ち、行程上に舞台を設けるなどして歓迎の趣向をこらしている。大聖堂では大司教と聖堂参事会長・聖堂参事会員が王太子を迎え、王太子のための祈禱とテ・デウムがおこなわれた。王太子は飾りつけられた街路をさらに聖ウーアン修道院まで行って、そこに宿泊した。ところで翌五日には王妃がボンヌ・ヌーヴェル修道院に到着し、六日に入市式をおこなった。このために市内の聖職者と都市当局の人々は王妃を出迎えたが、租税法院と高等法院の参加については言及されていない。

このような入市式の出迎えのパレードは一五五〇年十月一日の国王アンリ二世入市式において最大規模となる。この入市式については二種類の記録が残されている。一つは都市参事会議事録で、参加者構成だけでなく山車の飾りつけと登場人物についての記録を含めて五葉九頁にわたる。[291] もう一つは一五五一年に出版された記録である。[292] これらによるとパレードの構成は以下のとおりである。なお以下で、＊を付した人々は都市参事会議事録に記載されているが出版記録には登場せず、（　）内の人々は都市参事会議事録には記載がないが出版記録に登場する。


（提督府の長弓隊）

四托鉢修道院。

市内の聖職者、率いるは聖堂参事会長。

聖ウーアン修道院。

聖ロー修道院とマドレーヌ修道院。

続いて官職保有者 officiers
穀物計量官二十四人。

葡萄酒仲買人二十四人。

毛織物仲買人四十人。

魚商人と麻織物検査官。

造幣局。

水上ヴィコント府の＊酒計量官 bouteillers 二人（計量官 preseurs 二人）、警吏四人、水夫 reaulx 四人、＊車夫 brouetiers 四人（検査官たち、委任官たち、官吏たち clercs siegiers、酒類仲買人たち menus courtiers、幹事 jurez、立入検査人たち、合わせて五十人またはそれ以上）、率いるは水上ヴィコント（と代理官、書記官）。

五十人隊、率いるはヴィコント（と、ヴィコント総代理官、特別代理官、ラバに乗る）。
＊バイイ府の警吏四十人（都市の警吏四十人）、以上はすべて騎馬。

（世襲の警吏二人）

バイイ総代理官、バイイ府の国王弁護士・検察官、都市参事会員六人（と従者三十人）

都市参事会員経験者たち、＊都市法務官二人。

都市検察官。

地区長四人。

都市収入役、書記官、工部官（ラバに乗って、それぞれに従者二人）。

多数の名望あるブルジョワ（二百人、騎馬）。

（塩計量官、穀物計量官、そのほかの役人百二十人、徒歩で。および太鼓手四人、ファイフ手二人）

（皮革・羊毛・葡萄酒・果物の仲買人と検査人）

（ロメーヌ税関から、葡萄酒・酒類検査官、官吏、役人、合わせて四十八人、騎馬）

（穀物倉庫から徴税官 esluez grenetiers、商店監督官 controolleur du magazin、書記官、そのほかの役人、従者、警吏、商店と間接税に関わる委任官、検察官・国王弁護士、ラバに乗る）

租税法院（の執達吏二人、総徴税官、評定官、国王弁護士・検察官、書記官、弁護士と代訴人、地方徴税官）

（水上・森林提督府の警吏、執達吏、書記官、国王弁護士・検察官、率いるは総代理官と特別代理官）

高等法院（の院長四人、評定官二十人、国王弁護士二人、検察長、民事・刑事書記官、調査官、それぞれラバに乗る、および）執達吏（八人）、弁護士と代訴人（ラバに乗る）。

火縄銃隊＊百五十から二百人（三百人、何人かのファイフ手、太鼓手、隊長と副官）。
＊徒歩の人々三グループ、それぞれ都市の若者ないし子供たち、および各職種 mestier の人々からなる。第一グループは赤の衣装で、毛織物業者 drappiers drappans 四十人など二十三職種、率いる都市の子供の一人デュ・

ジャルダンのみ騎馬。第二グループは緑の衣装で、金細工師二十人など二十四職種、率いる塩倉庫監督官のピュショのみ騎馬。第三グループは白の衣装で、樽製造業者 furaillers 六人など二十六職種、率いるのは近在のヴィコントの一人リュフォーで騎馬、合わせて七十三職種六百七人（三つのグループに分かれた千五百人の歩兵すなわち手工業者。第一グループの隊長は「都市の子供」で二人の従者、副官をともなう。第二グループの隊長の「都市の子供」は騎馬、副官と旗手をともなう。第三グループの隊長の「都市の子供」も騎馬、副官と旗手をともない、さらに太鼓手とファイフ手を従える）。

ここまでが都市の主要な構成員のパレードであり、この後に活人画などを乗せた山車 chariot; char が続く。都市参事会議事録によると、山車にも隊長と呼ばれる人々や、武装した男たち、ラッパ手、名誉ある子供たちなどがつき従っており、その後ろにさらに織物商 merciers grossiers 四十人、名誉ある子供たち、多数のブルジョワ、武装した男たちなどが続き、しんがりをダヌボー提督に率いられた騎馬の名誉ある子供たちが務めていた。一行は、高等法院の記録によれば十時に出発し、グランモン修道院で国王に挨拶した後(293)、聖堂参事会の記録によれば午後四時頃に大聖堂に到着した(294)。翌日には王妃の入市式がおこなわれ、このときには高等法院も出迎えに参加した。

この国王入市式では、ほかの入市式とは較べものにならないほどの参加者規模の大きさと、職種ごとの代表者の参加が特徴的である。特に聖職者でなく官職・役職も持たない人々について、都市参事会の記録には七十三の職種の名称がすべて記載されただけでなく、名誉ある子供として参加した人々あわせて百七十三人（未亡人二人を含む）の名も挙げられている。ただし都市参事会員および都市役人に続いて登場した名望あるブルジョワと、火縄銃隊のグループに参加した人々の個人名は挙げられていない。一方で官職・役職を持つ人々の参加については出版記録のほうが詳細な記述をしており、特に都市参事会議事録では都市当局と名望あるブルジョワのすぐ後ろのグループを単純に租税法院と記載しているのに対し、出版記録ではここに塩倉庫・穀物倉庫や、そのほかの市場の監視にあたる人々と税関役人が書き込まれている。

商人・手工業者の参加について、ルーアンでパレードの参加者が職種ごとに構成された前例はなかった。出版記録では職種ごとに構成される集団を「歩兵 soldatz」としているが、ルーアンでは都市防衛の担い手を職種ではなく地区ごとに組織していた。入市式に先立って都市参事会では、国王入市式が近いという情報を最初に六月十二日に受け取った(295)。これを受けて七月十九日には「各職種の組合幹事と親方たちを徒歩で加わらせるべき、人数は千から千二百人まで」との意見が出され(296)、また八月十一日には人数が「六百人まで」に減ったものの、やはり「徒歩の男たちが職種ごとの人々によって構成されるべき」との意見が出されている(297)。これらの意見の根拠は不明だが、前年のパリでアンリ二世入市式に同業組合が参加した(298)例が参照されたのかもしれない。

（4）パレードの小規模化

一五五二年四月十二日に大司教のヴァンドーム枢機卿が入市式をおこなった。これを計画する際に都市参事会では、一四九四年と一五一三年の大司教入市式に倣って「二十四人会」と八十ないし百人のブルジョワがグランモン修道院で大司教を迎えるとした(299)。都市参事会の記録によれば、高等法院は大司教の入市式には相変わらず参加しないが、大司教が王族 prince du sang であるために、代表者を何人か出席させるとした。この入市式のパレードについて、これ以上の記録はなく、入市式の後に大司教館でおこなわれた宴会 banquet に都市参事会員らが参加したという記述がある。この宴会には、ほかにも何人かの司教、聖堂参事会員、大聖堂の礼拝堂付司祭、教会裁判所の弁護士・検察官・公証人や役人と、何人かの（高等法院）院長と評定官が出席したとされる(300)。一五五七年八月には大司教のブールボン枢機卿が市内に滞在しており、都市参事会はやはり入市式について記録を残していないが、八月三十日にブールボン枢機卿を総会と宴会に招いたと記録している。(301) 一五五九年十一月十五日には州総督ブーイヨン公が到着したと聖堂参事会の記録にあるが、都市参事会は記録していない。(302) これ以降の入市式については、パレードの規模縮小、あるいはパレードに関する記録の減少とともに、宴会など参加者が限定される催しについての記録が加わった点が注目される。

ルーアンが次に国王を迎えたのは一五六二年十一月一日である。ルーアンはこの年の四月からユグノーの制圧下にあり、十月二十六日に国王軍によって再征服されたばかりであった。聖堂参事会は国王シャルル九世の到着について、「(国王が) 総行列を率いて en la procession generale par luy commandee」大聖堂に入り、祈禱とミサを受けたと記録している。(303) 都市参事会は十月三十一日に再開されていたが、議事録には入市式の準備段階での記録も事後記録もない。(304) 翌年、ル・アーヴルを回復した直後に再びシャルル九世が行幸するにあたって、都市参事会は入市式をおこなう準備を始め、まず「余計な出費 en superflue despence」をしなくて良いとの太后の意向を、カルージュに確認した。(305) 次いで財源の確保、(306) および参加者に五十人隊と火縄銃隊だけでなく四地区の隊長と都市民兵百人を加えることなどを議論した。(307) だが八月十二日の国王の到着については聖堂参事会が記録しているのみで、(308) 都市参事会は記録を残していない。なお都市参事会は国王のための支出として、到着の翌々日に国王、太后、王弟オルレアン公、元帥と大法官に貴金属器を贈ったと記録している。(309)

シャルル九世の二度の行幸に対して盛大な入市式がおこなわれなかった背景には、宗教戦争による混乱があろう。とはいえ都市参事会史料から直接うかがえるのは、財源の不足と参加者の貧弱化に対する懸念であり、それに対して太后はルーアンに「余計な出費」ではなく「善良で十全な愛情 la bonne et entiere affection」を期待していると、カルージュをつうじて都市参事会に伝えた。(310) なおシャルル九世は二度めのルーアン滞在中であった八月十七日に、高等法院で成人宣言をした。[311]

次代の国王アンリ三世の行幸もまた、盛大な入市式がおこなわれなかった例として指摘できる。都市参事会の記録によれば、アンリ三世は一五七八年六月にルーアンを訪れたが、それに先立って入市式も出迎えも要求せず、用件があればガイヨン城に来るようにと伝えさせた。この意向を受けた都市参事会はブールボン枢機卿の助言を得て、行幸してきた国王と太后、ナヴァール王妃、ブールボン枢機卿、メルクール公そのほかの人々を、市庁舎に招いて後宴 arriere banquet をおこない、砂糖菓子 confitures et drageesを差し上げるとした。[312] ルーアンではこの時期は、聖バルテルミ虐殺の後に一五八〇年代後半まで続く経済回復と繁栄の時期にあたる。こうした状況から、シャルル九世の行幸のときとは異なり、財源と参加者の不足が懸念されたために入市式がおこなわれなかったとは考えにくい。しかしどのような理由にせよ、国王の行幸に際して入市式が挙行されなかった例が、二代続いたことになる。

ただしルーアンにおける入市式としては、一五八〇年代に入ると州総督のものが盛大に挙行された。まず一五八三年三月二十五日に州総督でフランス提督のジョワユーズ公 monseigneur duc de Joyeuse, admiral de France がルーアンで入市式をおこなった。その到着に先立って、国王が「歴代の州総督に対する慣習どおりの名誉と待遇を与えるように」との勅書を送り、それを受けて都市参事会は入市式の準備として、街路の飾りつけや銀器の贈呈、天蓋の準備について議論した。[313] ジョワユーズ公は入市式の前日にダルネタルに宿泊し、当日は聖イレール門外の一軒の家で出迎えを受けた。出迎えの一行は、都市参事会の記録によれば、まず司祭と礼拝堂付司祭および四托鉢修道会、続いて市庁舎からバイイ総代理官、国王検察官、都市参事会員ら「二十四人会」、都市役人、名望あるブルジョワ百人がいずれも騎馬で、バイイ府の槌矛官と都市の槌矛官、徒歩の火縄銃隊百四人と騎馬の五十人隊とともに州総督を出迎え、バイイ総代理官が歓迎の辞を述べた。その後に水上提督府の裁判官と役人が出迎えて歓迎の辞を述べた。州総督がもう少し市門に近づいたところで、租税法院の院長と評定官が迎えて歓迎の辞を述べ、州総督が門をくぐるときには大砲と火縄銃とラッパが鳴らされた。市門では地区長が州総督のために天蓋を用意していたが固辞された。市内では高等法院の第二と第三の院長および何人かの評定官が州総督を迎えて歓迎の辞を述べ、最後に大聖堂で聖堂参事会が州総督を迎えたとされる。大聖堂の内陣で州総督のために祈禱がおこなわれた後、都市参事会員らは州総督の宿泊場所である聖ウーアン修道院まで同行した。(314) また都市参事会は入市式の翌々日に州総督を市庁舎での夕食に招き、食後 arriere banquet に砂糖菓子を贈った。(315) こうしたもてなしの翌日に、バイイ総代理官と現職の都市参事会員、都市参事会員経験者らが聖ウーアン修道院に州総督を訪ねて、国王から要求されている負担の軽減を求め、州総督は国王への伝言を約束した。(316) その翌日の三月二十九日に州総督がルーアンを離れるときには、バイイ総代理官と都市参事会員、都市役人、五十人隊と火縄銃隊の一行が聖イレール門外まで州総督を送りに出た。(317)

一五八八年五月三日に州総督エペルノン公 monseigneur le duc d'Epernon, pair admiral et grand colonel de France が入市式をおこなったときにも、ジョワユーズ公の入市式の内容が繰り返されている。すなわち州総督は聖イレール門外の一軒の家で出迎えを受けた。教区の司祭たちと礼拝堂付司祭および四托鉢修道会、続いて市庁舎からバイイ総代理官、都市参事会員ら「二十四人会」、都市役人、名望あるブルジョワ百人がいずれも騎馬で、バイイ府の槌矛官と都市の槌矛官、徒歩の火縄銃隊と騎馬の五十人隊とともに州総督を出迎えた。歓迎の辞を述べたのはバイイ総代理官である。その後に水上提督府と上座裁判所の裁判官と役人が続き、やはり歓迎の辞が述べられた。さらに市門の外に会計法院の一行が州総督を待ち受けていたが、会計法院は租税法院と序列争いをしていたので混乱を避けるために歓迎の辞を述べなかった。州総督が門をくぐるときには大砲と火縄銃とラッパが鳴らされ、また市門では地区長が天蓋を用意していて州総督にかけようとしたが固辞された。市門の内側では高等法院の第二と第四の院長および何人かの評定官がいて、州総督に歓迎の辞を述べた。大聖堂では聖堂参事会が公を迎えたとされる。(318) その翌々日に都市参事会は州総督を市庁舎での夕食に招いて砂糖菓子を贈り、さらに六日には都市参事会員らが州総督を宿泊先の家に訪ねて、国王のために都市が負担している間接税の軽減を訴えた。(319) 州総督が十一日にルーアンを離れるときにも、前回と同様にバイイ総代理官と都市参事会員などの「二十四人会」、都市役人と五十人隊が市外まで送りに出た。(320)

これらの州総督の入市式では、王太子の入市式に較べると最高諸法院が市外まで迎えに出ず、都市防衛団体の規模が縮小している。また出迎えの規模が縮小しているにも関わらず、最高諸法院のあいだで序列争いが生じている点と、市庁舎での夕食のように、都市参事会員などの限られた人々が訪問者と親しく接する機会が確保されている点が、変化として指摘できるであろう。

エペルノン公の入市式がおこなわれた直後の五月十二日夜に、国王アンリ三世はパリのリーグ蜂起のためにパリを離れ、六月十三日にルーアンに行幸した。都市参事会はこのときにも入市式の記録を残していないが、ルーアンで国王の一行を楽しませるための見世物が用意されたとの記録が出版されている。(321) ルーアンでは国王が去った後の翌一五八九年二月四日に蜂起が起こり、同七日にリーグの主導のもとで新しい都市行政体制がしかれた。(322) ルーアンが国王と和解するのは一五九四年三月三十日で、国王への再服従を記念して大聖堂ではテ・デウムが歌われ、また市内の各処で祝火が焚かれた。(323)

(5) 最後の国王入市式

アンリ四世は一五九六年にルーアンに行幸するにあたって、州総督のモンパンシエ公に入市式をおこなう意向を示し、この意向はすぐに都市参事会に伝わった。(324) 入市式パレードの序列については高等法院が九月二十六日に判決を下したが、都市参事会はこれを不服として国王に訴え、都市参事会と上座裁判所などの位置を入れ替えた。[325] 都市参事会議事録にはこの序列が記載されており、またこの入市式の後に記録が出版された。[326] それらによるとパレードの参加者構成は以下のとおりであった。なお以下で、＊を付した人々は都市参事会議事録に記載されているが出版記録には登場せず、（　）内の人々は都市参事会議事録には記載がないが出版記録に登場する。

カプチノ会修道院。
四托鉢修道院（すなわちフランシスコ会、ドミニコ会、カルメル会、アウグスティノ会）。
＊聖職者（二十一教区の聖職者）。
聖ウーアン修道院。
聖ロー修道院。
マドレーヌ修道院。
都市警吏長ラランドに率いられた十二人の都市民兵隊長（および各四百人の隊員）。
＊穀物計量官と運送人。
塩運送人と計量官。
酒類仲買人と検査官。
葡萄酒監督官と検査官と仲買人。
毛織物仲買人と検査官。
麻織物検査官。
魚商立入検査人と＊荷揚げ人。

葡萄酒計量官。

造幣局の役人たち。

商事裁判所の裁判官（検察官、率いるは国王の警吏の一人）、名望あるブルジョワ（と商人、多数）。
＊ロメーヌ税関の役人たち（税関・塩倉庫・塩商店
（地方徴税管区 cour des esleuz の役人たち、収入役、監督官、そのほかの役人、州の監督長、四人の監事、騎馬で）。

塩倉庫監督官、検査官、塩商店の書記官
地方徴税管区 election（の院長 president、）院長代理と地方徴税官、（国王検察官、代訴人四人、委任官四人、警吏一人、徴税管区のそのほかの役人）。

水上ヴィコント。

（書記官四人、水夫四人、警吏八人、そのほか荷車役人、整頓人。）

ルーアン・ヴィコントとヴィコント府（評定官、）役人。

バイイ刑事代理官、バイイ府と上座裁判所の評定官と役人、＊およびバイイ府とヴィコント府の弁護士と代訴人。
＊水上・森林提督府と大理石卓の代理官・国王弁護士・検察官、および高等法院、租税法院、会計法院の弁護士と代訴人。
火縄銃隊の隊長と隊員（百四人、およびこの隊の警吏たち）。
＊五十人隊（、率いるは隊長、副官、旗手、先導役、隊長経験者）。
国王の警吏、＊および槌矛官と都市役人（および四人の十人長、そのほかの警吏）。

（都市のラッパ手六人。）

都市参事会員六人、都市当局、率いるはバイイ総代理官とバイイ府国王検察官。

（地区長四人、収入役、書記官、工部官、都市の国王検察官、槌矛官。）
＊租税法院。
会計法院（の院長たち、主計長たち Maîtres des Comptes、調査官たち、そのほかの国王方の官僚、役人たち）。

高等法院（の聖俗の四人の院長、評定官たち、数人の評定官経験者、二人の国王弁護士・検察長、刑事・民事の書記官たち、調査官たち、率いるは執達吏たち）。

徒歩の名誉ある子供たち（三つのグループで、市内のあらゆる職種から選ばれた二百人の男たちを三人の子供たちが隊長となって率いる）。

騎馬の名誉ある子供たち（三十人）。


この後に国王をとりまく宮廷の人々が続く。出版記録によれば一行は「国王の命じた序列で」パレードしてグランモン修道院へ出迎えに行った。国王は朝の十時から修道院の前にしつらえられた舞台で一行を待っており、都市当局を代表するバイイ総代理官と、会計法院の主席院長、高等法院の主席院長による歓迎の辞を受けた。一行が大聖堂に向かう行程には、市城外の橋門の付近から市内にかけての随所に、歓迎のための趣向をこらした凱旋門や柱が立てられていた。橋門から市内では都市参事会員と地区長が交代で国王に天蓋をかけながら進み、大聖堂では聖堂参事会長と参事会員、礼拝堂付き司祭が国王を迎えて歓迎の辞を述べた。国王は大聖堂に入って神に感謝を捧げ、続いてテ・デウムが歌われた。それから国王は宿泊場所の聖ウーアン修道院に行き、その日の夕食後に都市参事会員が国王のもとに市門の鍵を持参した。

このときの国王入市式パレードの序列をめぐって、都市参事会が高等法院判決に不満を表明したのは、その判決での序列では火縄銃隊・五十人隊と都市当局が造幣局のすぐ後ろに位置しており、さらにその後ろに商事裁判所とヴィコント府、上座裁判所、ロメーヌ税関、塩倉庫、租税法院となっていたためである。これに対して都市参事会は都市参事会のすぐ後ろが租税法院となるような序列を要求した。この問題は、一五五〇年のアンリ二世入市式における都市参事会の計画した序列と出版記録の序列の矛盾に端を発したものかもしれない。また一五八〇年代の二度の州総督入市式で、都市参事会と租税法院の間に提督府や上座裁判所が位置していた前例は無視されている。最終的には都市参事会の希望どおりの序列となり、商事裁判所から提督府までの諸機関は造幣局と火縄銃隊の間に位置づけられた。これら商事裁判所などはアンリ二世入市式の後に設置または機構整備された機関であり、しかも最高諸法院の下級審となる常設の機関である。これに対して都市参事会はほとんど裁判権を持っていないが、その権限の大小を問題とせず、「慣習となっている」「名誉ある位置」の確保を希望した。(327)

この入市式のパレードをアンリ二世の入市式と比較すると、一五五〇年の入市式の後に設置された上座裁判所や会計法院などに官職・役職を持つ人々については、慎重に序列がつけられて多数が参加したのに対して、官職や役職を持たない都市民の参加は少なくなった。都市参事会は名誉ある子供たちの人数や名前を記載せず、職種ごとの代表の参加についても言及していないうえ、出版記録にある名誉ある子供たちと職種の代表の参加数も一五五〇年より削減された。またブルジョワと商人が都市当局ではなく商事裁判所に含まれることについて、都市参事会は高等法院判決にしたがっている。

しかもこの入市式はルーアンにおける最後の国王入市式となる。次の国王ルイ十三世は一六一七年にこの都市に行幸した際、事前に「入市式も長い歓迎の辞も望まない」との意向を明らかにした。(328) それでも都市参事会は同年十一月二十四日に、国王を郊外の聖カトリーヌの丘にあるシャルトルー修道院付近で出迎えた。その一行はバイイと国王弁護士・検察官、都市参事会員、都市法務官、地区長、そのほかの都市役人、二百人ほどの名望あるブルジョワ、ラッパ手、国王の警吏、槌矛官、都市の槌矛官、五十人隊と火縄銃隊であり、また大聖堂で大司教と聖堂参事会長・参事会員らが国王を迎えたと記録されているが、最高諸法院による出迎えなどについては記録されていない。(329) ルイ十三世が一六二〇年七月十日にルーアンに再び行幸した際にも、国王が事前に「いかなる出費をさせることも望まない」ので入市式は不要であるとの意向を示したため、(330) 都市参事会は前回とほぼ同様に、ただし名望あるブルジョワの数は減少して「百人かそれ以上」の規模で、国王を出迎えた。(331) ルイ十四世、ルイ十五世、ルイ十六世の行幸については、「入市式 entrée」を挙行するかどうかの議論はなく、「到着 arrivée」または「通過 passage」に際しての儀式 cérémonial として、都市参事会員と都市防衛団体などによる出迎えがおこなわれた。(332)

大司教と州総督の入市式は十七世紀に入っても挙行されている。大規模におこなわれた記録が残っているのは、一五九九年と一六一六年の大司教入市式、一六一〇年の州総督入市式である。一五九九年には大司教シャルル・ド・ブールボンが入市式をおこなった。それに先立って国王が都市参事会宛の勅書で、「我が庶出の兄弟」に「ルーアンの歴代の大司教と同様の歓迎および入市式」をおこなうよう命じ、都市参事会はこれに応じて入市式と出迎えについての議論を始めた。(333) この入市式では、大司教から施されたパンを掲げる貧民を先導に、聖堂参事会長とそのほかの聖職者が十字架と旗を持って続き、さらに都市当局の構成員として「二十四人会」と、バイイ職を預かる国王検察長に率いられた八十人のブルジョワ、火縄銃隊、五十人隊、その旗手、先導役、ラッパ手、国王の警吏と槌矛官、都市の槌矛官からなる集団が続いて、大司教を迎えに出た。一行はシャルトルー修道院の近くに聖職者たちが準備した場所で大司教に挨拶し、帰途に市門では会計法院と高等法院が、聖ウーアン修道院ではそこの修道士が大司教を迎えたとされる。(334)

次の大司教ジョワユーズ枢機卿は一六〇五年にルーアンを訪れた際に入市式をおこなわなかった代わりに、聖職者との夕食、高等法院との夕食、会計法院および都市参事会との夕食、租税法院との夕食、さらに総贖宥の開始のための総行列をおこなった。(335) また一六一六年一月十日に大司教レトゥールの入市式がおこなわれた際には、都市参事会が事前に国王から入市式を命ずる書簡を受け取っていた。(336) このときの出迎えの一行は、パンを掲げる貧民を先導に、カプチノ会、四托鉢修道会、教区の聖職者と礼拝堂付き司祭、聖ロー、マドレーヌ修道院の聖職者が十字架とろうそくを持ち、続いて大司教官区内の聖堂参事会長たち、大司教座の検察長と役人が続いた。その後ろにバイイとバイイ府の国王弁護士・検察官、都市参事会員、都市参事会員経験者、地区長、都市役人と名望あるブルジョワ、国王の警吏と槌矛官、都市の鎚矛官、五十人隊、火縄銃隊が続き、高等法院からも何人かが出迎えに参加した。一行はシャルトルー修道院の近くで大司教に対面し、都市当局を代表してバイイが挨拶を述べた。(337)

州総督としては、一六一〇年十二月八日にソワソン伯が入市式をおこない、このときには市内の教区聖職者とカプチノ会、四托鉢修道会、聖ウーアン、聖ロー、マドレーヌの三修道院が市外での出迎えに参加した。市庁舎からはバイイとバイイ府国王弁護士・検察官、都市参事会員、「二十四人会」と都市役人、ブルジョワ百人、都市警吏、ラッパ手、国王の警吏、鎚矛官と都市の鎚矛官、五十人隊、火縄銃隊が出迎えた。また上座裁判所とバイイ府の刑事代理官、評定官と役人が出迎えに参加しており、市門では会計法院、次いで高等法院の一行が州総督を迎えて歓迎の辞を述べた。市門からの行程は都市参事会員、地区長、都市収入役とブルジョワが交代で州総督に天蓋をかけながら進み、大聖堂では聖堂参事会長と参事会員、礼拝堂付き司祭が州総督を迎えた。(338) 一六二〇年一月十三日には州総督ロングヴィル公がルーアンを訪問したが、都市参事会は出迎えについて記録しておらず、都市参事会員と都市役人が聖ウーアン修道院で州総督に挨拶をしたとしている。(339)

（6）都市の構成員の確認

このように十六世紀において入市式を主導する諸機関は、都市の代表としてパレードに参加できる人々の範囲を拡大または縮小するかどうか、さらに入市式そのものを挙行するかどうかについての判断を、十六世紀をつうじて変化させたと言える。この規模拡大を決定づけたのは、聖職者および官職保有者の参加とともに、官職・役職をもたないブルジョワ、都市の子供たち、職種ごとの代表などの参加であった。その後、入市式の規模が縮小するなかでも参加を認められた人々は、国王または都市当局につながるような、何らかの官職・役職・特権をもつ人々に限定されていく。そうした人々は、保有する官職などのために都市において当局の側に属し、王権との親近性を主張することができた。また国王入市式がおこなわれなくなった後にも、国王との後宴や出迎えなどに参加し続けることにより、王権との近さを維持して都市のなかでの威信を高めたであろう。そのいっぽうで、そこから排除された人々は官職や特権をもたず、儀礼に参加する機会を失ったために王権からいっそう遠ざけられた。

大規模な入市式パレードおこなわれていた時期には、その参加者構成が市内に所在する聖俗の諸機関を序列化した一覧表となっているので、パレードが都市の住民構成と秩序を確認する手続きであったと考えられる。そこでは、聖職者と俗人がともに配置され、また世俗機関の序列が権限の大小と必ずしも一致しない。それでもこの序列は、実際にパレードに参加する人々の身体的経験と、これを見物する人々の視覚に頼るかたちで、都市の秩序の形成ないし確認につながったであろう。これらの序列は高等法院と都市参事会の判決・議事録と、匿名の出版物のなかにも記録された。その記録は祝祭を組織した側の人々が、都市の構成員の範疇と序列についてもっていた見方を表すものと言える。祝祭の規模の拡大・縮小とともに、その見方がどのように変化するかについては、さらにほかの祝祭の例を参照しながら検討していきたい。

3　総行列

(1) 総行列の概要

総行列 processions générales とはパレード形式の祝祭で、決まった祝日に聖堂参事会のみが指示しておこなわれた例もあれば、天候不順・疫病流行・異端発見または総贖宥などに際して、聖堂参事会が指示して臨時におこなわれた例、さらに天候不順・異端発見のほか、国王のための祝賀・祈願などの際に、聖堂参事会と世俗機関がともに挙行を指示し、ともに参加しておこなわれた例がある。行列の出発地と目的地は大聖堂または主要な修道院・教会で、しばしばミサと祈禱・説教 prédication; sermon をともなっていたうえ、聖遺物や聖体を捧げ持ち、行列のあいだは大聖堂の鐘を鳴らすといった宗教的な内容をもつ儀式である。

高等法院・都市参事会・聖堂参事会の史料を見る限りでは、十六世紀のあいだにルーアンで、総行列と呼ばれる祝祭が挙行または計画された回数は三百数十回にのぼる。年によって回数にばらつきはあるものの、ほぼ毎年複数回が挙行されていた。そのうち高等法院判決のなかで直接言及されている総行列は、十六世紀において管見の限り二件のみで、二件とも聖堂参事会または都市参事会の史料にも記録されている。都市参事会議事録で言及されている総行列は十六世紀のあいだに十九回で、うち三回については近接する日付で聖堂参事会史料に記録がなく、一回については聖堂参事会が（形容詞がつかない）行列と記録している。それに対して聖堂参事会は、高等法院・都市参事会の史料に記録された総行列と重複する例を含め、数多くの総行列の計画・挙行の記録を残している。定期的な総行列がおこなわれた日付としてノルマンディ回復を記念する八月十二日があるが、この日には年によって総行列または(形容詞がつかない)行列が挙行された。そのいっぽうで、総行列の多くは何らかの理由で臨時に挙行された。

　総行列が臨時に挙行された理由としては、天候回復・戦勝・平和・異端撲滅などの祈願の目的が、議決や判決に明記されているだけで百七十五回と最も多い。そのうち国王のためとうたったもの、戦勝・平和を祈願するものなど、国王の関心事にもとづいたものが六十一回である。また一五一七年以降には、瀆聖 blaphemia への対抗策[340]ないしは「民衆の信仰心を高めるため ut popules incitetur devocionem」[341]といった目的で、教会だけでなく世俗機関も挙行を指示し参加した総行列の例があらわれる。国王が祈願目的の総行列の挙行を指示した例は三十回ほどあるが、その祈願の内容は戦勝や平和だけでなく異端撲滅もあり、必ずしも世俗的なことに限定されない。逆に国王の指示がなくても、大司教や聖堂参事会が国王のための総行列の挙行を決定する場合もあった。

　次いで総贖宥以外の祝賀を目的とするものが少なくとも四十七回で、内容は国王に関する祝い事が圧倒的に多い。祝い事の場合で国王が自ら戦勝・和議や王子誕生などを知らせて、「神に感謝を捧げる」よう命じた例も二十回以上あるが、王族・州総督・大司教などがそうした指示をもたらした例、また国王・大司教などから儀式を挙行する命令がなくても、聖堂参事会などが挙行を決定した例がある。国王と直接的な関わりのない祝賀目的でおこなわれたものとしては、「トルコ」に対する戦勝の祝賀、教皇選出といったキリスト教世界の祝い事と、カトリック・リーグ制圧期のリーグに関する祝い事など数回である。ほかに総贖宥の祝賀が十四回あり、目的不明のものもある。

　したがって総行列の一部は国王儀礼に相当するが、総行列として挙行されたすべての例について国王儀礼に相当するかどうか区別するのは困難である。ただし都市参事会の史料に、「都市に対して、国王から総行列を挙行せよとの書簡がなく、また都市当局 le corps de la ville が総行列に参加するに十分な参加要請もないので、都市当局は参加しない」との決議[342]、また「国王から直接命令されなければ総行列に都市当局は参加しない」との発言[343]があるので、都市参事会は総行列のなかで都市当局が参加すべきものと、そうでないものを区別していたとみられる。

総行列の式次第など内容についての記録は少なく、参加者の規模と序列についての記録はさらに少ない。総行列には「可能な限り多くの人数」が参加すべきとの一五〇九年五月の都市参事会の記録[344]、またことさらに「すべての聖職者が参加する総行列」という一五八二年の聖堂参事会史料の文言[345]があるために、総行列の参加者が常に多数であったかどうかが疑わしくもある。しかし総行列のいくつかについては、何らかの官職・役職を持つ者が参加し、さらに都市当局などの世俗機関が組織的に参加した。

例えば一五〇九年二月に都市参事会では、総行列に国王役人や都市参事会員が参加すべきであるという意見があった[346]。そのほかにも都市参事会は総行列のいくつかに都市当局が参加した、さらに市内の聖職者、高等法院などの世俗機関、および多数の住民代表もまた参加したとの記録を残している。聖堂参事会の側からも一五一一年に高等法院の院長の一人に参加を求め[347]、一五二六年には都市当局に参加を求めた[348]。これ以降、聖堂参事会または都市参事会・高等法院によって、世俗機関が社団として en corps 参加し、さらに多数の地区代表と子供などを参加させるだけでなく、総行列の日を休業とし、行列の行程となる街路を飾りつける parer などの指示が出された例がしばしばみられる。

聖堂参事会史料によれば、特に一五四〇年代から六〇年代に、聖堂参事会が高等法院と都市参事会に総行列への参加を頻繁に促している。そのうち一五四〇年代には、聖堂参事会が高等法院による挙行指示に言及している例が八回と多いが、高等法院からの指示がなかった総行列についても、一五四三年と四五年に聖堂参事会が高等法院の参加を促した。また一五五〇年代に三十三回おこなわれた総行列のうち、高等法院や都市当局が参加したか参加を求められた例が十回、六〇年代には三十八回中八回で、この前後よりも頻度が高い。都市参事会では総行列に都市当局として参加すべきかどうかを議論しており、そのなかで一五五六年十二月の例では都市当局が社団として参加する必要を認めないかわりに、都市参事会員と都市役人はそれぞれ教区の構成員として参加すべきと決定した。[349] また一五五八年に都市参事会は、「国王から直接命令されなければ総行列に都市当局は参加しない」のだが、今回は例外的に大司教ブールボン枢機卿の指示にしたがって、国王が大司教に命じた平和祈願の総行列に参加するとしている。[350] 一六二二年にも都市参事会が、「国王からの書簡または大司教座聖堂参事会の議決によって、公的かつ全体的な利害から挙行される総行列」には、都市当局として参加すると確認した。[351] このように都市当局が社団として参加した総行列については、挙行と参加の決定の際に都市としての利害が考慮され、また市内の聖職者と世俗機関が都市を代表するかたちでパレードに参加した点からも、都市祝祭であると言えるだろう。

これらの総行列は入市式とは異なって、パレードで外からの訪問者に対して都市の構成員を紹介するのではなく、都市が自らの姿を確認したものと捉えられる。しかし入市式と同様に、参加者の身体的経験と観衆の視覚、そして参加者の序列についての文書記録によって、都市の住民構成と秩序を確認する手続きとなったであろう。したがって総行列についても入市式と同様に、まず参加者の規模と序列を通じて、この挙行を決定した諸機関が都市を代表すべきとした人々の範囲を検証することができる。

さらに総行列の挙行決定に関わった諸機関が、総行列を挙行するかどうかの判断をした理由も含めて、総行列の意味を検証することができるだろう。なぜなら総行列の挙行が十六世紀をつうじて同じ意味をもっていたとは言えないからだ。特に国王のための祝賀が目的の場合には、総行列のみ、または総行列とテ・デウム Te deum および（または）祝火 feu de joie の組み合わせを含めて、総行列が挙行された例が多いのだが、一五八〇年代以降には総行列をおこなわずにテ・デウムのみ、またはテ・デウムと祝火のみが挙行される例が増加した。したがって総行列については、参加者の拡大・縮小とともに、そもそも挙行するかどうかの判断をつうじて、都市の秩序を確認する手続きとしての意味を検証できるであろう。

（2）挙行決定の過程

記録に残された総行列の挙行決定までの過程を見ると、まず聖堂参事会が単独で挙行を決定した例が過半数を占める。特に天候回復祈願または疫病撲滅祈願を目的とする総行列については、聖堂参事会が単独で指示した例が多い。世俗機関が関与したものとして、聖堂参事会・高等法院・都市参事会の史料のなかで、挙行を指示する国王または太后の勅書 lettres missives に言及されている例が、十六世紀のあいだに六十一回確認できる。その挙行目的は主に国王に関する祝賀や、戦勝・和議の祈願、王族の健康祈願、または異端撲滅祈願であった。州総督またはグラン・セネシャルなどからの指示に言及されている例は十一回あり、うち六回は国王の勅書を受けたもので、それ以外の総行列もすべて国王に関する祝賀または祈願の目的であった。

高等法院による挙行の指示について、聖堂参事会または都市参事会の記録のなかで高等法院に言及されている例は、筆者が判決を直接参照できた二回を含めて四十二回にのぼる。そのなかには一五四二年九月の例のように、高等法院が勅書を受け取って聖堂参事会に挙行を指示したものもあるが[352]、国王・州総督そのほかの王族から高等法院への指示があったかどうかについて、言及されていない例も二十二回ある。それらは聖堂参事会などが総行列を挙行する理由として、高等法院の指示としか記述していない場合にあたる。さらにこの二十二回のうち八回は、高等法院が聖堂参事会に挙行を指示したのか、聖堂参事会が挙行を決定してから高等法院に参加を促したか判断できない。したがって高等法院が総行列の挙行に関して、国王と関心を共有していたとはかならずしも言えない。高等法院の挙行指示があったとされる総行列のうち、一五二八年と三五年の例は異端撲滅祈願が目的であり[353]、リーグ制圧期のものも二回みられる。
こうした国王・州総督・高等法院の主導性に対して、都市参事会が総行列の挙行を単独で決定した可能性がある例は三回のみで、うち二回は国王の指示に言及しているが、後の一回については不明である。したがって都市参事会が総行列について議論した際には、ほぼ常に国王・州総督・高等法院または聖堂参事会の挙行指示を受けていたと言える。しかも都市参事会は、総行列の挙行を命じる勅書を国王から直接受け取った場合にも、挙行するかどうかの決定を聖堂参事会にゆだねるなど、総行列の挙行そのものを決定する主導性をほとんどもたない。しかし都市参事会は、総行列の日の休業、街路の清掃、さらに総行列の参加者の序列など、挙行するにあたっての実際的な指示を出していた。

挙行決定の過程についてはいくつかのパターンを見ることができる。国王および世俗機関が聖堂参事会と合意して挙行を決定したもののうち、国王からルーアン大司教または聖堂参事会に挙行指示が伝えられた例は、リーグ期の前まで繰り返し見られたが、宗教戦争鎮静化後には稀になった。国王が世俗機関に勅書を送った場合として、国王から都市参事会を経由して聖堂参事会に挙行指示が伝わった例は、一五二〇年代までしばしばみられた後、一五六九年と一五九八年に一回ずつみられる。州総督では一五一六年から二二年にかけてのアランソン公、一五二八年のブレゼ、一五四九年と五〇年のダヌボー提督、一五六〇年代から七〇年代にかけてのカルージュが、高等法院・聖堂参事会・都市参事会に対する上位、すなわち国王の挙行指示を伝えるか、または勅書がなくても挙行指示を出す位置を、ほぼ常に確保している。

宗教戦争鎮静化後には、国王の指示を州総督が都市参事会に伝えるいっぽう、高等法院が州総督とは別に勅書を受け取る例もあった。その高等法院は、一五二〇年代には都市参事会とともにそれぞれ勅書を受け取っていたが、一五四〇年代には勅書による挙行指示を都市参事会に伝えるようになった。その後、宗教戦争期にはもっぱら高等法院が勅書を受け取るようになり、都市参事会は勅書による挙行指示を高等法院から間接的に受けた。宗教戦争鎮静化後には、国王が高等法院と都市参事会それぞれに勅書を送る例が再びあらわれた。挙行決定における、高等法院と聖堂参事会のあいだでの主導性は見極めがたいが、一五四〇年代には高等法院から聖堂参事会への指示に言及されるようになり、宗教戦争期には国王からの勅書の宛先が聖堂参事会ではなく高等法院と総督・バイイである例が増加した。

総行列の全体的な参加者構成と序列についての記録は、十六世紀をつうじて都市参事会議事録のなかに二例しかないが、その参加者の規模は国王入市式パレードを上回る。すなわち一五三五年二月の例では、市内の大聖堂・教区と修道院の聖職者、世俗機関としては都市当局、高等法院、水上・森林監督所、租税法院、都市防衛団体、「良い子供たち」、四地区のブルジョワ代表が参加すべきとされ、また行列のしんがりには五十人隊がついて、正式な参加者と後ろからついてくる群衆とを隔てるように指示された。[354] 一五四二年六月の総行列では三五年の参加者に加えて、造幣局、有力な二つの信心会などが参加すべきとされた。またこのときには地区ごとに参加すべきブルジョワの人数が挙げられており、これを合計すると四地区で三千人弱になるほか、子供たちは千人を超える。このときにも行列のしんがりには都市防衛団体がついて、後ろからついてくる群衆を隔てるように指示された。[355]

そのほかの総行列について都市参事会は、例えば一五五九年のカトー・カンブレジ条約を祝う総行列の際に、「二十四人会およびこの都市で名望あるそのほかのブルジョワがこのために呼び集められる。彼らは正装した槌矛官、五十人隊、国王の警吏四十人およびトランペット手十二人に前後をともなわれる」といったように、都市当局を代表して参加する者のみを規定した場合がある。[356]

(3) 都市祝祭としての総行列

すでに指摘したように、都市参事会は都市当局が社団として総行列に参加する条件を、「国王から直接命令された」あるいは「国王からの書簡または大司教座聖堂参事会の議決によって、公的かつ全体的な利害から挙行される総行列」としている。(357) この条件にあてはまる総行列として国王が挙行を命じた例は、国王に関する祝賀または祈願を目的とするものが多い。例えば前節で世俗機関の参加があった総行列の例としてあげたもののうち、一五〇九年二月と五月、一五一一年および一五二六年のものは、イタリア戦争の状況に応じて国王の戦勝または和平締結を祝賀あるいは祈願する目的のものである。また一五三五年の例は国王が「異端を根絶するために pour l'extirpation des heresies」(358) 挙行を指示したものである。

国王の挙行指示を受けて、あるいは国王の指示がなくても国王の関心事を理由として、臨時の総行列が挙行され、これに世俗機関が参加するパターンは、イタリア戦争開始後について見るとルイ十二世の治世の初めに確立した。それに先立つシャルル八世の治世には、一四九五年三月のナポリ征服に際して国王がルーアン大司教に勅書を送ったが、都市参事会が挙行するとしたのは(形容詞のつかない)行列と祝火であり、(359) 同年八月に再びナポリでの戦勝を記念して、都市参事会は教会・貴族・都市代表が参加する祝火を挙行するとしたが、(360) いずれの機会にも総行列には言及していない。一四九八年にルイ十二世が即位した際に、都市参事会が教会に挙行を促すとしたのはテ・デウムと(形容詞のつかない)行列であり、(361) その数日後に聖堂参事会が総行列の挙行を決定した。(362) 翌九九年七月には都市参事会が、イタリアの二都市を占領したことを知らせる国王の勅書を受けて、聖職者代表としての聖堂参事会長や貴族を召集し、聖堂参事会に総行列の挙行を促した。(363) 聖堂参事会史料によれば八月末になって、聖堂参事会員の一人が都市参事会の要請を受けて総行列を提案し、総行列と説教の挙行を九月三日に予定した。[364]
これからおよそ三週間後には総行列の挙行に際して、都市参事会と聖堂参事会のあいだに、より緊密な関係がみられるようになる。すなわち九月十八日に都市参事会に「聖職者、貴族、都市参事会員、そのほかの人々」が召集された。都市参事会は国王からの勅書を受けて、国王がミラノを占領したので勝利を神に感謝するための総行列を挙行するよう教会に要請した。出席していた聖堂参事会長は、国王が総行列の挙行を指示し、ペストの危険がない以上、この勅書を聖堂参事会に持ち帰って総行列について検討すると言った。都市参事会は総行列やテ・デウム、祈禱に関する判断を教会にゆだねるが、地区ごとに祝火を焚くことと、街路を清掃してゴミを片付けることを指示した。[365] 翌日の聖堂参事会では、前日の都市参事会に出席していた聖堂参事会員が、国王の勅書について提案し、即日テ・デウムを歌うことと、「次の日曜日」すなわち二十二日に総行列と三位一体ミサを行うことを決定した。[366]
ルイ十二世が即位した一四九八年から一五〇一年までのあいだには、毎年一回以上、あわせて五回の例で都市参事会と聖堂参事会が、国王の勅書を受けて総行列の挙行を決定しており、これらの目的はすべて国王のための祝賀であった。うち四回については聖堂参事会が勅書を直接受け取ったとしている。さらに一五〇九年から二九年までの間にもほぼ毎年一回以上、勅書をきっかけとする総行列の挙行決定がみられる。これらについても聖堂参事会が勅書を受け取った例が大半であり、しかも聖堂参事会が国王からの挙行指示を拒否した例は、ペストの危険があると判断された場合のみである。[367]
逆に勅書が聖堂参事会に直接届かなかった場合には、総行列が挙行されなかった例がある。すなわち一五〇九年二月に国王から都市参事会に講和を知らせる勅書があったときに、都市参事会は祝火の挙行を決定し、総行列については教会に決定を促すとしたが、[368] 聖堂参事会史料にはこれに対応する総行列の挙行決定がない。しかし同年五月二十一日に、国王軍のヴェネツィアでの戦勝を知らせる勅書があったときには、都市参事会に出席していた聖職者の代表が総行列に言及し、都市参事会は総行列の行程となる街路を飾りつけるなどの指示を出すいっぽう、(369) 聖堂参事会は同じ日に総行列の挙行を決定した。(370) そのおよそ一週間後の二十九日に、都市参事会では再び国王からヴェネツィアでの戦勝を知らせる勅書を受けたとして、総行列の挙行を決定した。(371)

また一五一四年八月にイングランドとの和議についての勅書が都市参事会に届いたが、国王が勅書のなかで挙行を指示したのは祝火のみであり、都市参事会は「勅書にあるように、今日、路上で祝火を焚き、また大聖堂でテ・デウムを歌う」とした。(372) しかしこの数日後に聖堂参事会が勅書を理由として総行列の挙行を決定した。(373) 一五一六年九月の和議の際にも、都市参事会は祝火を決定したが総行列の挙行について言及していない。(374) 一五二五年一月の国王と教皇との和議の際には、聖堂参事会の決議で総行列が予定された日を過ぎてから、高等法院が都市参事会に祝賀儀式を指示し、都市参事会が祝火を焚くと決議した。(375) これらは総行列を挙行する条件が整わなかった例と言えるかもしれない。なお聖堂参事会は一五〇七年から一五一〇年代までほぼ毎年一回の頻度で、勅書がなくても王国の繁栄や国王の戦勝を祈願する総行列の挙行を決定しており、これ以降も間隔はあくが同様の祈願がみられる。ただし国王のための祈願が目的であっても、都市参事会が記録を残していない総行列については、都市当局が参加したかどうか不明である。

聖堂参事会や都市参事会の記録を参照できる限りで、高等法院が総行列の挙行を指示した例は一五二五年以降にみられ、高等法院による挙行決定の判決が残されている例の一つに一五三八年のものがある。一五三八年七月、国王はルーアン大司教でノルマンディ州総督の称号ももっていたジョルジュ・ダンボワーズへの書簡で、皇帝と休戦し、エーグ・モルトで会見したと知らせた。そのなかで国王は「ノルマンディの主要な都市で特別な総行列および祝火が挙行され、民衆が創造主に祈りを捧げる条件を整える」よう指示した。高等法院は七月二十九日の判決で、その日の祝火と翌日の総行列の挙行を決定し、総行列の行程を指示したうえで街路の飾りつけと清掃、および総行列の日の休業を命じた。(376)同じ日に聖堂参事会では翌日の総行列の挙行、さらに祝火と総行列の際に鳴らすべき鐘について決定した。このとき聖堂参事会は高等法院による祝火の挙行と翌日の休業についての指示にも言及しており、(377)この総行列について高等法院と聖堂参事会の史料ではほとんど食い違いがないが、都市参事会史料には記述がない。そのほかに高等法院が指示したとされる総行列として、一五二八年と三五年のものは異端撲滅祈願が目的であり、(378)一五四二年九月には高等法院が勅書を受け取って聖堂参事会に挙行を指示した。(379)

一五五九年のカトー・カンブレジ条約によるイタリア戦争終結の際には、総行列を含む祝賀儀式がおこなわれた。和議の情報はまず四月一日に、ルーアンに滞在中の大司教から都市参事会に届けられた勅書で伝わった。(380)十日に再び大司教をつうじて都市参事会と聖堂参事会それぞれに新たな勅書が届けられた。国王はこのなかで「祝火および、慣習にしたがったそのほかの祝賀儀式」をおこなうよう指示し、大司教がテ・デウムを歌うよう指示した。都市参事会は書記官に命じて、都市役人と槌矛官、国王役人、楽隊、五十人の長弓隊を伴って市内にこの平和令を告知させ、また十二発の祝砲を打ち、托鉢修道会に献金し、市庁舎に近いノートル・ダム・ド・ラ・ロンド教会で民衆に葡萄酒をふるまった。さらに地区長には各地区のすべての住民が祝火を焚くよう指示させた。(381)テ・デウムと祝火は即日おこなわれ、総行列は十三日におこなわれた。その総行列について、聖堂参事会は十二日に挙行を決定して高等法院・租税法院と民衆の参加を促すとし、都市参事会は都市参事会員・都市役人とブルジョワが総行列に参加したと記録している。(382)

宗教戦争期にも、総行列の挙行回数はリーグ制圧期まで目立って減少してはいない。しかし国王の勅書を受けて戦勝祝賀または戦勝祈願の目的で挙行された例は少なく、さらに宗教戦争期に国王が戦勝祈願の総行列を指示した例は一回しか確認できない。また国王が勅書で総行列の挙行を指示した例は一五五〇年代の十一回から、六〇年代の七回、七〇年代と八〇年代のそれぞれに二、三回に減少した。宗教戦争期には総行列は、国王の関心よりもむしろ教会の関心に基づいて挙行された。聖堂参事会は天候回復祈願・疫病撲滅祈願、または「ローマ・カトリック教会のため」や「平和のため」の祈願の目的で、総行列の挙行を決定していた。リーグ期にも教会が主導する同様の総行列、さらにリーグの戦勝を祝賀する総行列がおこなわれている。

一五九四年にルーアンが国王アンリ四世と和解した後、再び国王は総行列の決定に対する影響力を強める。また、総行列における都市参事会の関心が高くなる。この時期になると、総行列がおこなわれるきっかけはほぼ固定化していた。アンリ四世の治世の終わりまでにルーアンで計画された総行列は二十七回あり、九回が国王関係の祝い事、すなわち重要な和議、王子誕生、そして国王が生命の危険を脱したと判断される場合で、うち六回は都市参事会が勅書を受け取っている。このような場合の祝賀儀式の式次第も確立され、テ・デウム、祝火、総行列が一連の行事として二日がかりでおこなわれた。このほかには国王の戦勝や安全を祈願する目的の総行列が四回、天候回復祈願が五回、総贖宥が六回、目的不明は三回である。この時期には総行列に言及した頻度で、世俗機関がイタリア戦争期に匹敵する、あるいはそれ以上の関心を示し、一五九四年から一六一〇年までのあいだに、国王のための祝賀・祈願、総贖宥などを目的とする十三回の総行列に、世俗機関が参加したか、少なくともその参加が予定された。

例として一五九八年六月のヴェルヴァン条約による宗教戦争終結の祝賀について紹介する。国王からの知らせは高等法院をつうじて都市参事会と聖堂参事会にもたらされた。六日にこの知らせを受け取った都市参事会は、一五五九年の祝賀儀式に関する記録を参照して、翌日の平和令の告知、祝砲、献金などを用意した。また都市参事会は、七日にテ・デウムに参加し祝火を焚き、八日には総行列に参加した(383)。聖堂参事会史料によると、この総行列には高等法院も参加している(384)。都市参事会と聖堂参事会は十二日に、ノルマンディ州総督をつうじてふたたび国王からの勅書を受け取ったため、もう一度、今度は州総督も参加しての総行列がおこなわれることになった(385)。

総行列をおこなうに当たっての国王との合意は、ルイ十三世の治世になるとあまり見られなくなる。一六一〇年代に確認できる総行列は十四回で、うち一回のみが国王のルーアン滞在中に国王の指示でおこなわれたものである。[386] ほかに天候回復祈願が七回、総贖宥が二回、目的不明が一回、残る三回は八月十二日のノルマンディ回復記念であって、総行列の回数は十六世紀に較べると明らかに減少し、内容も限定された。

（4）参加者と序列

都市参事会が総行列の全体的な参加者構成について記録を残している例は、一五三五年二月と一五四二年六月の二例である。前者は高等法院と都市当局がともに総行列に参加した記録として最も古い。

ルーアンの都市参事会史料に見る限り、パレードにおける序列の問題が表面化したのは一五三〇年代以降である。まず一五三一年にグラン・セネシャルであったブレゼの葬儀に際して、都市参事会は都市当局と租税法院との序列を問題にした。[387] 一五三二年におこなわれたノルマンディ州総督である王太子の入市式については、都市参事会の議題としてパレードの序列が取り上げられることはなかったものの、この入市式の後に出版された記録のなかで出迎えのパレードについて詳細に記述されている。[388] そして一五三五年二月の総行列は、十六世紀に入って初めて、聖職者と都市参事会・高等法院から、地区ごとの都市住民までの序列が記録に残された例である。

この総行列についての議論は以下のように展開される。まず一五三五年一月九日付の都市参事会議事録に、一四日木曜日の行列の序列」が記載された。このときには総行列の目的について言及されなかったが、総行列には都市当局・高等法院・租税法院などが、社団ごとに秩序正しく参加すべきであるという合意ができていたようだ。参加者の序列については、「子供たち」と聖職者、四地区の代表、高等法院、都市当局、五十人隊についてしか確定しておらず、行程については大聖堂から聖ウーアン修道院、聖マクルー教会、古い塔（の広場）la vieux tour、ヴィコント府、エキュイエール通りの中庭、大時計（市庁舎）から大通りを通って大聖堂と計画されていた。[389] その後一月二十七日の聖堂参事会と都市参事会の記録では、両者がともに高等法院から「次の月曜日」すなわち二月一日に総行列を挙行するよう指示を受けたとしている。総行列が行われる理由については、聖堂参事会と都市参事会ともに「宮殿 pallays（高等法院館 palais de justice）で、聖体の秘蹟と聖体に対する信仰を害する書物が見つかったため」としている。[390]

翌日、聖堂参事会は大司教の到着予定を根拠に、挙行の日を二月四日に決定した。また、松明などの照明の準備や、「この総行列において放埒な振る舞いをしそうな若者たちについて」の対策は、「市庁舎」がすべきとした。総行列の挙行を指示した高等法院の命令の本文が、この日の聖堂参事会議事録に記載されており、それによって総行列に参加すべき聖職者と彼らの服装、鳴らすべき鐘、当日の聖務日課の手順、教会堂のなかの装飾など、細部にまで高等法院が指示を出したことが読み取れる。またこの日に聖堂参事会は式次第と行程について決定した。それによると、まず大聖堂で聖体ミサが大司教または聖カトリーヌ修道院長によって執りおこなわれる。行列は大聖堂から出発して鐘楼、聖ウーアン修道院、アウグスティノ会修道院、塔市場、ミニム会修道院、聖ヴァンサン教会、聖ジョルジュ礼拝堂、ノートル・ダム・ド・ラ・ロンド教会をまわって大聖堂に戻るとされている。この二キロメートルを超える行程のあいだ大聖堂の二つの大鐘を鳴らし、また「民衆が多く集まり、混乱が起こる」ことを避けるために行列は停止しないとも決定された。[391]

いっぽう都市参事会は、二月三日に行列の序列について高等法院の判決を受け取ったと記録している。これを一月九日に記載されている序列と対照させると、まず「この一回に限り」という条件つきではあるが、高等法院、租税法院、バイイ府、都市参事会、水上提督府など世俗機関の序列が決定された。さらにいくつかの修道院の順序が入れ替わった。当初は聖職者が四托鉢修道会のグループ、教区・信心会の聖職者と市内と郊外の四つの修道院からなるグループ、市内の三つの施療院・修道院のグループに分けられ、それぞれの後ろの三か所に「多数の松明」が配置されていたが、後には第二のグループが教区・信心会の聖職者と修道院とに分けられて四グループとなり、それぞれの後ろの四か所に四地区の代表が配置された。列の最後尾には白い棒杖を携えた五十人隊がついて、「後に従ってくる群衆を押し戻す」はずである。都市参事会はこの序列を確認するとともに、秩序維持のために「参加者が従者を伴うことを禁止する」、「行列での秩序を守り、混乱を避けるために、それぞれの旗は定められた人数で担われる」などの指示を出した。(392)

以上の都市参事会の記録を合わせると、この総行列の序列は次のようになる。

良い子供たち les bons enfants。
フランシスコ会修道院。
ドミニコ会修道院。
アウグスティノ会修道院。
カルメル会修道院。
聖イレール地区のブルジョワ代表。
すべての教区の十字架と旗。
市内のすべての信心会の十字架と旗。
聖堂参事会長に率いられた、教区の聖職者と教会裁判所の法曹。
マルタンヴィル地区のブルジョワ代表。
モン・ト・マラード修道院。

マドレーヌ修道院。
聖ロー修道院。
ボーヴォワジーヌ地区のブルジョワ代表。
グランモン修道院。
ボンヌ・ヌーヴェル修道院。
聖カトリーヌ修道院。
聖ウーアン修道院。
コーショワーズ地区のブルジョワ代表。
松明。
トランペットと楽隊。
すべての聖遺物箱。
トランペットと楽隊。
白衣の子供たち。
ノートル・ダム大聖堂の十字架と旗。
大聖堂の聖職者。
聖体。
松明十二本。
高等法院。
(予定では租税法院)

都市当局。
提督総代理官と水上・森林監督官。
高等法院の代訴人と弁護士（道の右側）。
バイイ府とヴィコント府の代訴人と弁護士（道の左側）。
五十人隊。

以上の総行列の記録は、一五四二年に都市参事会でふたたび総行列の行程と参加者構成、その序列を決定する際に参照された。その一五四二年の総行列は、都市参事会が六月十四日に、「次の日曜日」（十八日）に総行列を挙行すべきとの高等法院の命令、および高等法院が受け取った国王の書簡を受けて議論を始めたものである。国王の書簡の内容は不明で、したがって挙行理由も記録からは読み取れない。行程は大聖堂から大橋通り、鐘楼、聖ウーアン修道院、ロベック橋、古い低い塔、橋門のたもと、古い宮殿、聖ソルヴ教会、肉市場、聖ミシェル教会、大時計、ラ・ロンドを経て大聖堂に戻るというものであった。また都市参事会は、総行列の挙行について知らせるため、国王の警吏と市のラッパ手が市内の主な辻と広場で読み上げるよう命じてもいる。[393] 聖堂参事会では六月十七日に総行列を議題にした。このときも挙行理由は高等法院の指示としか記録されていない。聖堂参事会は行列の式次第について、聖体と聖遺物を捧げ持つこと、ノートル・ダム墓地で説教をおこなうことを決定した。[394] 都市参事会の六月十八日付の記録に、あらためて行列の参加者構成が記載されており、それによるとこのときの序列は次のとおりであった。[395]

良い子供たち十三人。
フランシスコ会四十六人、ドミニコ会三十一人。

アウグスティノ会三十二人、カルメル会二十八人。
聖イレール地区のブルジョワ代表七五〇人。
すべての教区と信心会の旗を持つ人々六十六人。
すべての教区と信心会の十字架を持つ人々八十人。
聖職者三十二人、司教代理三人と聖職者百三十二人。
司教代理三人と司祭たち。
聖マクルー・聖ヴィヴィアン教会裁判所。
ボーヴォワジーヌ地区のブルジョワ代表七六二人。
聖ロー修道院、マドレーヌ修道院、モン・ト・マラード修道院、以上合計四十六人。
マルタンヴィル地区のブルジョワ代表四五〇人。
グランモン修道院、ボンヌ・ヌーヴェル修道院、以上合計十二人。
聖カトリーヌ修道院二十三人。
コーショワーズ地区のブルジョワ代表九二四人。
聖遺物を持つ聖職者二十九人。
トランペットとコルネット、各六人。
聖ウーアン修道院三十五人。
造幣局四十八人。
教会裁判所の警吏四人、判事・弁護士二十八人、公証人八十人。
白衣の子供たち一二六〇人。

トランペットとコルネット、各六人。

ボンヌ・ヌーヴェル結社、別名〈コナール〉の旗を持つ人々十人、松明を持つ人々六十六人。

聖ロマンと聖母マリアのマント、周りに松明八人。

ノートル・ダム信心会三十人。

礼拝堂付司祭八十二人と聖堂参事会員三十人。

聖遺物。

市の松明十二本。

礼拝堂付司祭三人、司教と大司教三人。

聖体を囲む聖堂参事会員六人、礼拝堂付司祭四人。

聖体信心会八人。

ルーアン大司教。

教会書記官四人、マントを持つ人々三人。

高等法院の院長、評定官、国王弁護士・検察官、書記官、執達吏、国王秘書官。

租税法院。

都市当局、すなわちバイイ総代理官、バイイ府国王弁護士・検察官、都市参事会員、都市参事会員経験者、都市法務官、都市役人。

大理石卓の提督総代理官、水上・森林監督官と、高等法院の代訴人と弁護士が道の右側に、道の左側にはバイイ府の特別代理官 lieutenant commis とヴィコント、ヴィコント代理官、バイイとヴィコント府の代訴人と弁護士。

火縄銃隊。

群衆。

総行列の参加者構成と入市式の参加者構成の違いを二点挙げると、まず世俗機関の前後が逆転している。これは総行列においては世俗機関のなかで上位の機関が、前方つまり聖体の近くに位置するのに対して、入市式では後方つまり出迎えのパレードの後ろに続く訪問者の近くに位置するためであろう。聖職者のあいだでは、一五三五年の総行列についての最初の案よりも、後で決まった序列のほうがこの原則にかなっている。なぜならマドレーヌなどの修道院・施療院のグループよりも、ベネディクト会の聖ウーアン修道院などのグループが聖体の近くに位置するからである。また総行列に参加する市内四地区のあいだでは、貧困層が多い聖イレール地区が前、裕福な商人が多いコーショワーズ地区が後ろになり、同じ原則にもとづくと捉えることができるが、マルタンヴィル地区とボーヴォワジーヌ地区の入れ替えについては不明である。

もう一点はブルジョワが地区ごとに組織されていることが挙げられる。ただし地区が常に総行列の参加者の編成単位であったのではなく、教区が用いられた例もあるようだ。なぜなら一五五六年十二月の総行列で都市参事会が都市社団として参加する必要を認めず、その代わりに都市参事会員や都市役人がそれぞれ教区の構成員として参加すると決定したからである(396)。一五五〇年の国王入市式では職種ごとに都市民が編成された。だが入市式では都市住民のあいだに区分を設けて多数参加させる場合が例外的で、都市当局の構成員のなかにブルジョワを加える場合が多く、しかもブルジョワの数が都市防衛団体を除いて二百を超えることが少なかった。したがって一五四二年の総行列は、都市祝祭としての参加規模において群を抜いている。

（5）都市当局の位置と構成

一五四二年六月の総行列の後には、都市参事会史料に総行列全体の序列に関する記述がない。また都市参事会が総行列を論じる際の焦点が、多くの都市住民を組織的に参加させることではなく、都市当局がつくるグループに参加する人々の構成と、ほかの世俗機関との序列争いに移っていく。ルーアンの世俗機関のあいだでの序列争いの中心は、総行列においても入市式と同様に、都市当局つまり都市参事会員と都市役人であった。

都市当局は入市式と同様に総行列のなかでも、最高諸法院である高等法院・租税法院・会計法院よりも上位を得ることはなく、しかし最高諸法院に次ぐ位置をほぼ確保していた。例えば一五八七年の高等法院判決では、総行列について租税法院、「市庁舎」、水上提督府、弁護士・代訴人、バイイ府のほかの役人、ヴィコント府という序列と、大聖堂のなかでの彼らの着くべき位置を定め、この序列が一五九五年の総行列においても確認された。(397)

都市当局の集団構成についてみると、一五四二年の総行列では都市参事会員の前にバイイ総代理官とバイイ府検察官、後ろに法務官と都市役人が配置された。一五五九年のカトー・カンブレジ条約を祝う総行列では、「都市参事会員ら二十四人と、参加を求められた有力なブルジョワ、その前後に槌矛官、五十人隊、国王役人四十人とラッパ手十二人」の集団が都市当局として参加した。(398) 一五八七年の総行列の序列について高等法院判決では、都市当局として都市参事会員、法務官、都市検察官、地区長、収入役、書記官、工部官がこの順序で並ぶよう指示している。(399) 一五九八年のヴェルヴァン条約を祝う総行列の際にも、都市当局は「慣習にしたがって」バイイ代理官に率いられ、五十人隊、火縄銃隊、都市役人が都市参事会員の前後左右を取り囲む形で参加した。この直後の都市参事会では、「今後将来、総行列やそのほかの重要な名誉ある公的な儀式の際に、五十人隊と火縄銃隊の隊長たち、そして役人たちは、隊員のなかの何人かを、収入役、書記官、工部官の後ろに配置し、二十四人のしんがりをつとめさせること、この隊形で二十四人は市庁舎を出発し、戻ってくる場合にも同様の形をとること」が決議された(400)。この隊形は、都市参事会員らが大聖堂にテ・デウムを歌いに行く場合の往復にも採用される。

都市当局はまた一五八七年の高等法院判決による総行列の序列において、最高諸法院の官僚のグループと弁護士・代訴人のグループを分断して、その中間に位置を占めている。これはアンリ四世の入市式についても同様であるが、最高諸法院がつくる集団を小さく抑えるいっぽう、都市当局のグループには都市防衛団体をともなって威信を誇示した。ただし一六二七年に都市参事会は、儀式の際に五十人隊・火縄銃隊から高等法院の警護に十名、会計法院と租税法院に六名ずつを派遣するとしたので(401)、これ以降は都市防衛団体がパレードの随所に配置される警護役となったであろう。

(6) 総行列の減少とテ・デウムの確立

総行列の挙行回数は一五九〇年代以降に減少した。とりわけ国王のための祝賀儀式としては、一五七〇年代以降に総行列の挙行が減少し、一五八〇年代以降にはテ・デウム単独またはテ・デウムと祝火のみで、総行列をともなわずに完結する例が増加した。宗教戦争が鎮静化した一五九四年以降、国王のための祝賀儀式はもっぱらテ・デウムを中心として、テ・デウムのみ、テ・デウムと祝火のみ、またはテ・デウムと祝火と総行列すべての組み合わせの三パターンに集約され、逆に国王のための祝賀儀式としてテ・デウムをともなわずに総行列が挙行される例がみられなくなる。同様の変化は、ミシェル・フォジェルによれば、パリにおける国王儀礼についてもみられる。その変化の背景について、フォジェルは行列がミサとの組み合わせで挙行された点に注目し、トリエント公会議で確立されたミサの意味づけが受容されたために、国王儀礼として行列が必ずしも適切な形式でなくなったためであると指摘した。しかしルーアンにおいては、総行列に常にミサが組み合わされるとは限らないので、ほかの要因から儀式の変化を考えなければならないだろう。

フォジェルはもう一つの背景として、行列が混乱を招きやすかったために当局に警戒されたとも指摘しており、ルーアンについて同様の要因が考えられる。特にイタリア戦争においては敵が外にいたのに対して、宗教戦争においては敵が都市内部にも存在するため、総行列のような大規模な儀式の挙行が困難であったかもしれない。実際に行列の挙行が危険視された例として、一五六七年九月末から十月、すなわち第二次宗教戦争の開始直後の聖堂参事会史料から、聖堂参事会と高等法院のあいだで総行列の挙行をめぐっておこなわれたやり取りがある。聖堂参事会は九月二十九日に、前夜の間にユグノーが武器を持って市内に侵入したとの噂を聞いて、ミサで歌われる賛美歌を増やし、また次の日曜日（十月五日）に総行列をおこなうと決議した。[402] しかし翌々日に高等法院がこの総行列は「民衆を動揺させる」恐れがあるので好ましくないと聖堂参事会に伝え、聖堂参事会は大聖堂の周囲を回る行列を毎日おこなうが、総行列については高等法院とさらに交渉するとした。[403] 十月四日に聖堂参事会は総行列を日曜日でなく、次の週の週日におこなうとし、八日の決議で翌日に予定した。[404] 一か月後の十一月十五日に、高等法院が聖堂参事会に国王の戦勝を知らせて感謝の儀式をおこなうよう指示したときにも、聖堂参事会はまずテ・デウムのみを挙行するとしたが、[405] 続く二十五日にルーアン大司教から司教管区でこの戦勝を祝賀する行列と祈禱をおこなうようにとの指示を受けて、総行列の挙行を決議した。[406] このように都市支配層にとって総行列は、混乱を招く危険性を含むものであっただろう。しかしこの説明だけでは、宗教戦争が鎮静化した後に総行列の頻度が回復しなかった点を捉えきれない。

総行列と呼ばれる儀式は十七世紀にも聖堂参事会の主導で挙行されているが、数年にわたって挙行されない年もあるほどに回数が少なくなった。したがって聖堂参事会と高等法院・都市参事会を含む都市支配層が、総行列を頻繁に挙行しなくなった背景を説明するためには、総行列にかわる国王のための祝賀儀式としての、テ・デウムの成立について検討することが必要であろう。

4　テ・デウムと祝火

（1）テ・デウムの概要

テ・デウムとは、「テ・デウム」という歌いだしの賛美歌 cantique をさし、またこの賛美歌を歌う儀式を意味する。国王のための祝賀儀式としてテ・デウムを歌うことは、十六世紀において目新しいものではなかった。ただしイタリア戦争期には国王のための祝賀儀式として主に総行列が挙行されており、国王のための祝賀が総行列のみでテ・デウムをともなわない例は二十回近く見られ、テ・デウムと総行列の組み合わせによる祝賀とほぼ同数であった。同時期のテ・デウムの挙行回数は総行列をともなうもの、ともなわないものを合わせて二十五回であるが、このうち総行列をともなわずにテ・デウムのみが歌われた例は六または七回しかない。しかも後述するように、この期間にテ・デウムのみで挙行された例は、祝賀儀式として不完全だった可能性が高い。これに対して宗教戦争期になると、テ・デウムの挙行回数は戦争勃発から一五九四年三月の鎮静化までに十二回で、頻度が上がっているとは言えないが、総行列をともなわずにテ・デウム単独またはテ・デウムと祝火が挙行された例が八回に増加した。

テ・デウムと総行列との大きな違いは、その挙行形式にある。総行列が開放的なパレードという形式をとって、多数の参加者だけでなく多数の観衆をもひきつけることができたのに対して、テ・デウムは教会のなかでおこなわれた。総行列は挙行決定の翌日以降におこなわれることが多いのに対して、テ・デウムは挙行が決定された同じ日の晩課の後など夕方の時刻におこなわれたことが多い。またテ・デウムは一四九六年と一五〇〇年の例では教区ごとにおこなうとされたが、そのほかの多くの例については大聖堂での挙行のみが記録されている。なお祝賀儀式がテ・デウムと総行列との組み合わせで挙行される際には、しばしばこの二つの儀式の日付が異なる。

テ・デウムと総行列のもう一つの違いとして、総行列は天候回復・疫病撲滅・異端撲滅などの祈願の目的でも挙行され、宗教戦争期に聖堂参事会の指示でカトリック教会を擁護するための総行列がしばしば挙行された。これに対してテ・デウムはもっぱら国王に関する祝い事、またリーグ制圧期にはリーグの戦勝やリーグ派諸侯の祝い事などをきっかけとして挙行された。したがってテ・デウムの挙行は総行列よりも目的が限定され、国王のための祝賀と密接に結びついていたと言える。

大聖堂でのテ・デウムの参加者としては、最高諸法院の官僚、都市参事会員と都市役人、特権的な都市防衛団体など限られた名士しか記録されていない。例えば一五九八年の宗教戦争終結を祝うテ・デウムについて、都市参事会史料には「都市参事会の二十四人が市庁舎に集まり、バイイ総代理官オーベルヴィルに率いられて慣習どおりの序列で、火縄銃隊と五十人隊、槌矛官、都市の警吏らとともに、ノートル・ダム大聖堂に行った。そこに最高諸法院の方々 messrs des courtz souuraines も社団として参加した」と記録されている(407)。宗教戦争期以降、聖堂参事会・高等法院・都市参事会の三者は、大聖堂でのテ・デウムの式次第と席順について議論していくが、そのなかでより多くの都市民を参加者として動員することも、観衆・聴衆とするようなことも、ほとんど論点にしなかった。

多くの都市民はテ・デウムに参加できない代わりに、同じ日に各地区で祝火を焚くよう指示された。したがってテ・デウムと祝火を一連の儀式として捉えるならば、これには多数の都市民が参加したと言える。しかし祝火は住民がそれぞれの家の前で焚くものとされたので、参加者が互いを視覚的に確認する機会にはならなかった。このようにテ・デウムと祝火とは、パレード中心ではない新しい形式の儀礼である。

（2）国王儀礼としてのテ・デウムの成立

イタリア戦争期にテ・デウムが挙行された例として、一四九六年の王太子誕生に際して都市参事会が教会にテ・デウムを歌うよう依頼すること、祝火を焚くこと、各教区にテ・デウムについて知らせることなどを決議した。[408]一四九八年にルイ十二世が即位を知らせるとともにルーアンの特権を再確認する旨の書簡を送った際にも、これを受け取った都市参事会は先王のための祈禱行列とあわせて、新国王のための祝賀儀式としてのテ・デウムについて決議し、その三週間後に都市特権の確認を国王に要請すると決議した。[409]翌一四九九年九月には都市参事会が国王からミラノでの戦勝を知らせる書簡を受け取って、教会に「聖職者たちが好むやり方で、神に祈りテ・デウムを歌い感謝を捧げ行列をおこなう」よう要請し、「地区長、百人長、十人長には祝火を焚かせ、また街路を清掃してごみを片付けさせる」と決議した。[410]翌日の聖堂参事会では都市参事会から回ってきた国王の勅書を受けて、即日テ・デウムを歌うこと、次の日曜日には総行列と三位一体ミサをおこなうことを決議した。[411]

一五〇〇年四月には、ミラノのルドヴィコ・スフォルツァの捕縛が祝われた。まず十九日に聖堂参事会が勅書を受け取って、「すべての鐘を鳴らして」テ・デウムを歌った。[412]都市参事会は二十三日に国王から都市宛の勅書を受け取ったとして、教会に行列と祈禱を促すこと、教区ごとにテ・デウムを歌うこと、そのためにその日の午後を休業として都市民を教会に行かせること、また祝火を焚くことを決議した。[413]この都市参事会には教会代表も出席しており、同じ日の聖堂参事会では都市参事会から勅書が回ってきたとして、次の土曜日または日曜日に総行列と説教をおこなうと決議した。[414]一五〇一年十二月の和議に際して聖堂参事会は、クリスマスにあたる十二月二十五日にテ・デウムを歌い、総行列をクリスマスの後におこなうと決議した。[415]一五〇三年には復活祭に和議を祝うテ・デウムが歌われ、復活祭の翌日に聖堂参事会で総行列に関する決議がなされた。[416] 一五一五年十月には、聖堂参事会が王母から戦勝を知らせる勅書、大司教から教皇と国王との和議についての知らせを受けて、即日テ・デウムを歌うと決議した。[417] さらに翌々日、聖堂参事会でこの祝賀のために総行列をおこなうかどうか議論し、ペストの危険があるために（形容詞のつかない）行列をおこなうとした。[418]

このようにイタリア戦争期においてテ・デウムのみが挙行された例は、国王と聖堂参事会・高等法院・都市参事会のあいだで総行列を挙行するための十分な合意がないために、総行列が挙行されず、暫定的にテ・デウムのみで完結したとみられる。一五一八年に王太子誕生に際して、ルーアンの都市参事会が祝火を焚くとし、また勅書を聖堂参事会に回すと決議した。[419] 聖堂参事会はその翌々日にこの件について議論し、大聖堂で高等法院の院長・評定官と都市当局が参加して、オルガンと鐘の伴奏でテ・デウムを歌うと決議した。[420] 一五三六年の例では、都市参事会が高等法院を通じてパリ司教であるデュ・ベレー枢機卿が高等法院の首席院長に宛てた手紙を受け取った。手紙の内容は国王の戦勝の知らせであり、高等法院はこれを祝うために大聖堂でテ・デウムを歌うことをすでに決定したとして都市参事会にも参加を勧めた。この祝賀について、都市参事会は枢機卿の手紙が個人的なものであり、高等法院にも都市参事会にも直接宛てた知らせがないことから、行列を挙行するかどうかについては「国王がこの件について御意を知らせて来ることを待って」決定するとした。[421] 聖堂参事会も同様の知らせを受けて、テ・デウムを歌うとだけ決議した。[422] 一五四四年には都市参事会が州総督のマティニョン de Matignon から、国王と皇帝との和議を知らせる書簡を受け取って、これを聖堂参事会に回した。聖堂参事会は高等法院の意思が確認できないとして、この日にはテ・デウムを歌う決定をおこなわず、翌日、高等法院にも州総督から同様の書簡が届いたことを確認して、テ・デウムを歌うと決議した。[423] このときにも総行列に関する議論は記録されていない。

これに対してイタリア戦争の終結後には、市内の宗教対立のために総行列を避けてテ・デウムのみが挙行されたと推測できる例があらわれる。例えば一五六一年八月に、前月に出された新教の信仰を禁止する勅許 patentes が高等法院に登録されると、聖堂参事会はこれを祝うために「オルガンとすべての鐘を鳴らして」テ・デウムを歌い、そこに都市参事会員の参加を促すとした。[424] 宗教戦争中の一五六三年には、ル・アーヴル奪回に際して元帥が、高等法院をつうじて聖堂参事会に神に感謝と祈禱を捧げるよう指示し、聖堂参事会はこれを受けてテ・デウムを挙行した。[425] また第二次宗教戦争期に当たる一五六七年十一月に、高等法院が聖堂参事会に国王の戦勝を知らせて感謝の儀式をおこなうよう指示した際に、聖堂参事会はまずテ・デウムの挙行を決議し、[426] その十日後に大司教から聖堂参事会に、司教管区でこの戦勝を祝賀する行列と祈禱をおこなうようにという指示が届いてから総行列の挙行を決議した。[427]

大聖堂でのテ・デウムに高等法院と都市当局が参加したことについては、聖堂参事会と都市参事会の史料から読み取ることができる。例えば一五一八年の王太子誕生を祝うテ・デウムについて聖堂参事会は、高等法院の院長・評定官と都市当局が参加し、オルガンと鐘の伴奏でおこなわれるとした。[428] 一五二五年に国王が虜囚となった後、和議が成立して国王が解放されると、都市参事会では十月十三日に、王母からの「神に感謝を捧げるための祈禱や行列がおこなわれるべき」との勅書を受けて、祝賀儀式について議論した。このとき都市参事会に出席していた高等法院院長の一人が、高等法院はすでに大聖堂にテ・デウムを歌うよう命じたと言ったので、都市参事会員もこれに参加するために大聖堂に向かった。[429] 同じ日の聖堂参事会では、国王解放を知らせる王母の勅書について高等法院から知らせを受けたとして、その日にオルガン伴奏でテ・デウムを歌い、また次の日曜日には総行列をおこなうと決議した。[430] この翌年の二月二日に聖堂参事会は王母からルーアン大司教宛の勅書を受け取って、ふたたび国王解放を祝うために、その日のミサでコレクタを歌い、次の日曜日に総行列をおこなうと決議した。[431] これは祝賀儀式にテ・デウム以外の賛美歌が使われた稀な例である。

テ・デウムにおける席順と式次第の詳細について、例えばテ・デウムを大聖堂の身廊で歌うか内陣で歌うかは、一五二四年十月に聖堂参事会が内陣でオルガン伴奏によるテ・デウムを歌ったと記録している例と、(432) 以下に指摘するように一五三八年に内陣の外に聖遺物などを用意した例があり、この時期には定まっていなかったとみられる。一五三八年に聖堂参事会は国王からの書簡 patentes で国王と皇帝との和議について知らされ、大司教の意見にしたがってテ・デウムを歌うと決議した。聖堂参事会は、この決議のあった七月四日の晩課の後に大聖堂内陣の入り口の前に聖遺物を安置し、すべての鐘や大鐘を鳴らしてテ・デウムが歌われる予定とした。しかし晩課が終わる頃、高等法院の院長・評定官とバイイ総代理官、そのほかの国王役人、都市参事会員とブルジョワたちが大聖堂に来て、聖遺物や装飾が用意されている内陣に近い席に着こうとした。そこで聖職者たちは場所を移動して、オルガンの伴奏でテ・デウムを歌い、続いて大司教が説教をおこなった。(433)

宗教戦争期に入ると、テ・デウムの式次第がさらに精緻化されていく過程が聖堂参事会史料からうかがわれる。一五六四年にフランスとイングランドのあいだでトロワ条約が結ばれたとき、聖堂参事会はルーアン総督のカルージュから国王の勅書について知らされ、大聖堂の内陣で終課の後にオルガンと大鐘の伴奏でテ・デウムを歌うこと、高等法院・租税法院・都市参事会が参加を希望する場合のために、三者に前もって時間を知らせることを決議した。(434) 一五六九年三月には聖堂参事会が、国王軍のユグノーに対する勝利とコンデ大公らの戦死を祝うために、大聖堂の身廊で聖堂参事会員と礼拝堂付司祭らがテ・デウムを歌うと決議した。これに出席する聖職者は「最も美しい祭服 chape」を着用すべきとされ、伴奏にはオルガンと大鐘が用いられる予定であった。また聖堂参事会は、内陣よりも身廊でテ・デウムを歌うほうが、大聖堂の外に集まるであろう民衆の信仰心を刺激しやすいと判断した。しかしこれに参加しに来た高等法院官僚は、聖歌隊長がテ・デウムを歌い始めたのをかまわずに、テ・デウムが内陣で歌われるべきだと主張した。執達吏の一人が聖歌隊長を定められた場所から追い出し、また高等法院の評定官などが高等法院の判決を根拠に内陣に入って、コセ将軍 maréchal de Cosséとカルージュとが大司教の椅子を、評定官たちが内陣の「最も良い席を」占領した。聖職者たちがこれに反発したため儀式は中断された。聖堂参事会ではこの後で、内陣に入った高等法院官僚には、不適切な服装で内陣に入った聖職者への処罰に準じて罰金を科し、またパリの大聖堂と高等法院とが同様の儀式でどのような措置をとっているか問い合わせるべきだとの意見が出された。(435) このとき聖堂参事会は高等法院の主張に対抗する根拠として、一五五四年に国王顧問会が出した決定に言及しているので、高等法院と聖堂参事会の緊張関係は一五六九年以前からあったかもしれない。

同じ年の八月に大司教代理によって総行列とミサの挙行が指示された際、聖堂参事会はミサのときに大聖堂内陣の片側の席を高等法院が、もう片側を聖職者が占めるよう高等法院に要請し、席順争いの決着をはかった。(436) その二か月後の十月にテ・デウムが大聖堂で歌われたときにも混乱した記録はない。(437) 一五七三年六月に王弟アンジュー公がポーランド王に選出された際には、都市参事会史料によれば国王がルーアン総督のカルージュに勅書を送って、総行列をおこなうこと、慣習となっている賛美歌を歌うこと、祝火を焚くこと、またそのほかの喜びを表す儀式をおこない、とりわけカルージュの監督下にあるすべての都市で祝砲を打つことを指示した。これを受けて都市参事会員とカルージュ、バイイ代理官、都市検察官、地区長、そのほかのブルジョワが大聖堂でテ・デウムを歌い、その後でノートル・ダム墓地と市庁舎前の二か所で祝火に点火した。また、翌日には総行列を挙行した。(438) 翌年に国王シャルル九世が崩御し、ポーランド王となっていた新国王アンリ三世が帰国したときには、太后が新国王のリヨン到着を知らせる勅書をカルージュに送り、カルージュが大司教をつうじて聖堂参事会に伝えた。聖堂参事会はこれを受けて、即日午後四時からテ・デウムを歌うこと、カルージュが参加を希望する場合のために、大司教代理を彼のもとに派遣すること、また「次の日曜日」に総行列をおこなうことを決議した。このテ・デウムは大聖堂の身廊で歌われたが、内陣のオルガンのある側の上席には聖堂参事会員、同じ側に続いて礼拝堂付司祭たちが着席し、カルージュのためには反対側の身廊に席が用意され、また高等法院院長の一人にはひざまずくためのクッションが用意された。このほかに高等法院評定官の一人と、バイイ総代理官、都市参事会員、何人かのブルジョワが参加したとされる。(439)

一五八五年七月、宗教戦争中の和解王令を祝うテ・デウムの際に、大聖堂で聖職者と高等法院官僚の席順争いが再発し、このとき以来、ルーアンでのテ・デウムの形式が固定化に向かった。この和解王令については高等法院が聖堂参事会に知らせ、あわせてテ・デウムが挙行されるなら出席すると伝えた。聖堂参事会はテ・デウムを挙行するにあたって、大聖堂内陣よりも身廊のほうが「周りの民衆が容易に目にすることができ、信仰心をかきたてられる」と判断し、身廊に装飾と灯りを用意して高等法院と都市参事会を迎えようとした。しかし聖堂参事会が高等法院の執達吏をつうじてこの決定を伝えたところ、高等法院はテ・デウムが内陣で歌われるべきであり、また正装の緋衣 robe rouge で参加する高等法院官僚には内陣の高い椅子が用意されるべきであると回答した。高等法院によればこれは、パリ司教がパリ高等法院を受け入れる場合の慣習にしたがったものである。聖堂参事会では、高等法院官僚にそれだけの席を用意すると、聖堂参事会員のための内陣の席が足りなくなるとの意見もあったが、結局は悪評 scandale を恐れて灯りなどを内陣に移動させ、内陣でテ・デウムとモテトを歌い、続いて祈禱をおこなうように準備した。(440) 聖職者がどのように着席したかは記録されていない。

このときの式次第については都市参事会が記録を残している。都市参事会は高等法院から和解王令について知らされると、テ・デウムに参加し、また祝火を焚くと決議した。大聖堂でテ・デウムが歌われた後、モテトの最中に都市役人である工部官が「聖堂参事会長の席についている高等法院首席院長」に、大聖堂前広場で祝火を点火するよう要請した。院長はこれに応じて、「助祭長 archidiacre の席についている高等法院評定官」の一人と、バイイ代理官、出席していた五人の都市参事会員とともに外に出て、彼ら八人で用意されていた薪の山に点火した。その後で都市参事会員とバイイ代理官は市庁舎へ戻ってもう一つの祝火に点火した。また地区長には、各地区の百人長や五十人長に命じて地区の最も目立つ場所や街角で祝火を焚かせるようにとの指示を出していた。(441)

テ・デウムを大聖堂内陣で歌うという形式は、聖堂参事会に妥協を強いるかたちで定着したとみられる。都市参事会史料によれば、高等法院は一五八七年九月に出した判決で、総行列での序列だけでなく大聖堂での席順についても定めた。都市参事会の記録のなかでは高等法院の席について言及されていないが、大聖堂内陣に都市参事会員・都市検察官・収入役・書記官・工部官と、大理石卓の国王弁護士・検察官もまた席を与えられた。なおバイイ総代理官・刑事代理官・民事代理官と、上座裁判所、ヴィコント府、租税法院については、大聖堂のなかの礼拝堂に席を与えられた。(442) この判決は、国王から高等法院院長に宛てた戦勝と異端根絶を祈願する総行列を命じる勅書を受けて、高等法院と聖堂参事会が大聖堂でのミサと総行列の挙行を決定した際に、このミサを念頭において出されたと考えられる。(443) その三か月後の十二月に、パリで国王の戦勝を祝うテ・デウムがあったと伝え聞いたルーアンの高等法院が、同じ祝いをするために大聖堂に都合の良い日時を問い合わせたときにも、聖堂参事会は「明日、大聖堂の内陣で」と回答し、さらに「(高等法院)官僚たちには、ほかに決定があるまで前回と同様の形式と席順を承認される」とした。(444)

席順争いもまた高等法院の有利に決着した。この一五八七年十二月のテ・デウムの後に聖堂参事会は、「高等法院が内陣の席のほとんどを無秩序に占領しようとする」ことがないよう、国王顧問会に訴状を書き、また高等法院首席院長にも内陣の席をすべて高等法院が占領するなどの混乱を生じさせず、秩序を正すよう要請すると決議した。(445) 宗教戦争が鎮静化した後の一五九四年八月は聖堂参事会が、大聖堂内陣でテ・デウムを歌いに来た高等法院に、内陣の両側あわせて十人から十二人分の席を聖職者のために確保するよう要求したとの記録がある。(446) しかしこの後、席順争いについての記録はみられなくなる。例えば一五九八年の宗教戦争終結を祝うテ・デウムについて、都市参事会史料は「都市参事会の二十四人が市庁舎に集まり、バイイ総代理官オーベルヴィル monsr dauberuille に率いられて慣習どおりの序列で、火縄銃隊と五十人隊、槌矛官、都市の警吏らとともに、ノートルダム大聖堂に行った。そこには最高諸法院の方々 messrs des courtz souraines も社団として参加した」とのみ記録している。[447]

(3) テ・デウムと祝火

テ・デウムの式次第に組み込まれた祝火は、やはりイタリア戦争期から国王のための祝賀儀式の一環としておこなわれていたもので、主に都市参事会によって挙行された。祝火のみで祝賀儀式が成立した例は少なく、総行列やテ・デウムと組み合わされている。例えば一五〇九年二月に国王から和議の知らせが届いたとき、都市参事会は出席していた高等法院検察官の「総行列をおこない祝火を焚くこと、総行列には国王役人と都市参事会員が参加すること」という意見に対して、祝火の挙行のみを決定し、総行列に関しては大司教代理の判断にゆだねた。[448]同じ時期の聖堂参事会史料に総行列に関する記録がないことから、このときの祝賀儀式は祝火のみで完結した可能性がある。一五一四年八月に国王が勅書でイングランドとの和議について都市参事会に知らせた際に、勅書で挙行を命じているのは祝火のみであったが、都市参事会は「勅書にあるように、今日、路上で祝火を焚き、また大聖堂でテ・デウムを歌う」と決議した。[449]さらに数日後には聖堂参事会が国王からの勅書を理由に総行列の挙行を決定した。[450]一五一六年九月の和議の際には都市参事会が祝火の挙行を決定したが、総行列に関しては記録されていない。[451]一五二五年一月の国王と教皇との和議の際には、聖堂参事会の決議で総行列が予定された日を過ぎてから、高等法院が都市参事会に祝賀儀式を指示したのを受けて都市参事会が祝火の挙行を決定した。[452]

例外的に聖堂参事会が祝火を準備したのは、一五六九年十月にテ・デウムが大聖堂で歌われたときである。聖堂参事会史料によれば、十月六日に州総督アランソン公がルーアン高等法院あての書簡で戦勝を知らせたのを受けて、大聖堂内陣で都市参事会員とバイイ代理官が参加してテ・デウムを歌うとした。[453] その翌日、聖堂参事会はこの祝賀のための総行列を次の日曜日におこなうとした。この日の晩課の頃に都市参事会が国王から、戦勝を知らせると同時に「このような場合にすべきであるように、神に感謝を捧げる儀式をおこない祝火を焚き祝砲を打ち、そのほかこの良い知らせにふさわしいあらゆるやり方で喜びを表明せよ」と命じる勅書を受け取って、聖堂参事会にテ・デウムを歌い、祝砲・警鐘を鳴らし、また大聖堂前広場で祝火を焚くことに同意を求めた。聖堂参事会はこれに応じて聖歌隊と鐘を準備し、また教会の会計官 superintendants de la fabrique に祝火を用意させた。[454]

祝火を焚く地点と点火者についても次第に詳細な指示が出されるようになった。一五五九年のカトー・カンブレジ条約を祝う際に都市参事会は、大司教に大聖堂前での祝火の点火を依頼し、地区長には都市民に各自祝火を焚くよう指示させると決議した。[455] 一五七三年にはノートル・ダム墓地と市庁舎前に祝火が準備され、ノートル・ダム墓地ではルーアン総督が、市庁舎前ではバイイ総代理官が点火した。[456] 一五八五年には二人の高等法院官僚とバイイ代理官、都市参事会員が大聖堂前で点火し、バイイ代理官と都市参事会員が市庁舎前で点火したほか、都市参事会が地区長に命じて「各地区の路上と最も目立つ場所で祝火を焚く」よう指示させた。[457] このように祝火を大聖堂と市庁舎前、そして路上で焚くという形式が定着していく。また都市参事会はテ・デウムと祝火を一連の儀式として、テ・デウムの参加者の中から祝火の点火者を選び、大聖堂でテ・デウムを歌った後に彼らが大聖堂前広場に出てきて点火するという形式を確立させた。

テ・デウムと祝火の組み合わせに総行列が加わった祝賀儀式として、宗教戦争鎮静化後の一五九五年十二月の例がある。この十二月二日に高等法院は、教皇が国王の罪障消滅宣言を出したとの国王の書簡を受け取って、翌日の午後三時からテ・デウムを歌い、翌週の水曜日（六日）には総行列を挙行すると決定した。このなかで、秘書官、弁護士・代訴人のほかにも、ルーアンにおいて社団をなしている機関すべて toutes autres courtz compaignies colleges et communaultes faisant corps en ladicte ville に参加を促し、また予定されている儀式に参加する高等法院官僚は緋衣を着用すべきであり、ほかの教区・修道院・礼拝堂にわかれて参加してはならないなどと定められた。[458] 同じ日に聖堂参事会は終課の後にテ・デウム、また次の水曜日には総行列を挙行すると決議した。[459]

同じ日に都市参事会は、テ・デウムと総行列について聖堂参事会から知らされただけでなく、高等法院宛の勅書を受け取っている。その勅書で国王は、王国内の司教には神に感謝する儀式をおこなうよう、また総督にはその土地の司教が命じる日に行列・祝砲と、そのほかの祝賀儀式をおこなうよう命じた。さらに国王は高等法院官僚が社団として、緋衣で行列に参加すべきとした。都市参事会はこれを受けてテ・デウムと総行列について高等法院の判決を確認し、都市参事会員がそこに参加すること、病気の工部官の代理人に大聖堂前広場に薪を積ませ、点火用の松明を用意させて祝火を準備すること、地区長には各地区の百人長、五十人長、十人長に命じて、住民たちに路上での祝火を用意させることを決議した。[460]

翌日、さらに都市参事会史料によれば、午後二時に都市参事会員と都市役人が市庁舎に集まって、バイイ府を預かる高等法院の検察長に率いられ、火縄銃隊・五十人隊・警吏を従えて、徒歩で大聖堂に向かった。彼等は「内陣のいつもの席」についた。テ・デウムの後、モテトの終わり頃に、都市参事会員の命令で工部官の代理人が、高等法院院長の一人と検察長に祝火に点火するよう依頼し、彼等は受け入れて都市参事会員の一人とともに大聖堂前広場に出た。広場には薪の山と火のついた三本の松明が用意されていて、高等法院院長、検察長、都市参事会員の三人がそれぞれを手にとり、三人で同時に点火した。火がつくと回りに集まっていた民衆が「国王万歳」と叫び、その夜にはあちこちの通りで祝火が焚かれた。[461] 続く六日には総行列が挙行された。[462]

このとき以来、祝火については大聖堂前での点火者が原則として、高等法院の首席院長または出席しているなかで最も格上の院長、州総督またはバイイ総代理官、最も格上の都市参事会員の三者に固定された。市内の路上での祝火については一五九八年以来、「都市参事会員が地区長に、百人長・五十人長・十人長をつうじて市民たちにその夜に祝火を焚くよう命じた。そのようにおこなわれた」などと記録されている。(463) 都市参事会は、工部官に大聖堂と市庁舎前の薪および点火用の松明を用意させ、また地区長から百人長・五十人長・十人長へという都市役人の指揮命令系統を利用して市内での祝火を指示し、この儀式を監督することになった。アンリ四世治世をつうじて、ルーアンで国王のための祝賀儀式としては、ほぼこのかたちでのテ・デウムと祝火、さらに総行列が繰り返される。

(4) テ・デウムの全国的な挙行

フランス近世における国王儀礼としてのテ・デウムは、シャルティエによれば、国王が不在でも挙行でき、「王国全土で一斉に」おこなわれる儀式として確立した。ルーアンの例からこの点を検証すると、まず国王が不在であっても、国王の関心に基づいておこなわれる儀式として、イタリア戦争期から総行列または（および）テ・デウムが挙行されていた。宗教戦争期に国王との関係がいったん疎遠になった後、アンリ四世と和解した後には再び国王の関心事と結びついた儀式がおこなわれている。

総行列とテ・デウムとを国王儀礼の形式として比較すると、総行列が国王のためだけではなく多様な目的で挙行されたのに対して、テ・デウムが挙行されるきっかけはほぼ国王のための祝賀に限定されていた。それだけに総行列が儀式の中心であった時期よりも、テ・デウムが中心となる宗教戦争期以降のほうが、国王に関する祝賀儀式は固定化したと言える。テ・デウムと組み合わされた祝火もまた、もともと挙行のきっかけが国王の関心に結びついたものであった。特にテ・デウムと祝火と総行列の組み合わせが確立した一五九五年十二月以降、アンリ四世治世の終わりまでに十七回テ・デウムが挙行されたのは、すべて国王の指示があったか、国王に関する祝い事をきっかけとするものであった。このうち二回を除いて国王が勅書で祝賀儀式を指示しており、挙行の理由は国王軍の戦勝、和議、王子や王女の誕生、国王が暗殺未遂や事故に遭いながらも命を取り止めた場合といった、国王や王国にかかわる祝い事のほか、二度の教皇選出についても国王がテ・デウムの挙行を指示している。

このうち祝火と総行列をともなったものが五回、挙行理由の内訳は国王の罪障消滅宣言のほか、三度の王子誕生と、ヴェルヴァン条約による宗教戦争の終結である。祝火だけをともなったものが六回、内訳は三度の王女誕生、戦勝、ブルターニュ併合、教皇選出である。総行列だけをともなったものが一回で、国王が暗殺を免れたときである。テ・デウム単独での挙行は五回数えられ、二度の戦勝のほか、教皇選出、王女誕生祝賀の追加、そして国王が船の事故を免れたときである。逆に国王に関する祝賀儀式がテ・デウムをともなわない例は見られなくなる。儀式の固定化は、例えば王子誕生に際して、フランソワ一世治世の一五一八年には祝火とテ・デウム、一九年には総行列、二二年にはテ・デウムと総行列がおこなわれたというように、儀式の内容が一定していず、アンリ二世治世には王子誕生が祝われた記録がないことに較べても明らかである。

次に、ルーアンの史料から国王が一円的に儀式の挙行を命じた例を挙げると、一四九六年の王太子誕生の際にすでに、国王がルーアンの都市参事会に書簡を送って祝火を挙行するよう命じるとともに、「周辺のすべての都市に知らせるよう命じており、都市参事会はこれにしたがって「バイイ管区内のすべての都市にこの書簡の写しを送る」とした。[464] 一五一四年には国王がイングランドとの和議を知らせる勅書で、この和議が「ロンドンおよびイングランドの至るところで知らされているのと同様に」フランスにおいても知らされるべきとした。[465] 一五七三年には国王がルーアン総督のカルージュに、彼の監督下のすべての都市で祝砲を打つよう命じ、また一五九五年に国王がルーアンの高等法院に送った勅書では、王国のすべての司教と地方総督に祝賀儀式の挙行を命じたと述べている。ルーアンからパリに接近した動きとして、一五八七年には勅書がなくても、パリでテ・デウムがおこなわれたと聞いてルーアンで同様の儀式をおこない、大聖堂での高等法院官僚の席を決める際にパリを参照した例も見られる。この検証のためには広範な史料収集が必要であろうが、十六世紀には国王儀礼がしばしば王国で一円的におこなわれていたと言えるだろう。

またルーアンでテ・デウムが確立される際には、式次第などの決定過程における聖俗の機関の主導性の変化、特に高等法院・都市参事会の聖堂参事会に対する優位が見出される。総行列をめぐっては、挙行決定の際に聖堂参事会と世俗機関との対立が表面化したことはなく、序列争いにおいても世俗機関の序列のみが問題とされた。これに対してテ・デウムをめぐっては、聖堂参事会と高等法院のあいだで席順争いが生じ、また式次第についても聖堂参事会の予定した進行と都市参事会の記録した内容に食い違いが見られる。その結果、宗教戦争鎮静化後に確立したテ・デウムにおいては、世俗機関が儀式における聖堂参事会の主導権を奪った。挙行そのものの決定過程においても、世俗機関が国王の指示を聖堂参事会に伝え、また国王の指示がなくても挙行を指示するようになった。

(5) 形式の変化が意味するもの

十六世紀ルーアンにおいて、国王が不在でも挙行される国王儀礼として、イタリア戦争期には総行列が中心であったが、宗教戦争期には総行列の回数が減少した。それと同時に国王のための祝賀儀式が、総行列ではなくテ・デウムを中心とするものになった。総行列とテ・デウムの参加者構成を比較すると、総行列が地区ごとのブルジョワまでを正式な参加者としただけでなく、多数の観衆をもひきつけるものとして挙行されたのに対して、テ・デウムは大聖堂のなかで、参加者を国王官僚、都市参事会員などと特権的な都市防衛団体、警吏などの役職を持つ者、および都市の名士までの人々に限定して挙行された。[466] テ・デウムで正式な参加者から除外された人々が観衆となる可能性については、一五六九年に聖堂参事会が大聖堂の身廊で歌うか内陣で歌うかを議論した際に、人々が大聖堂の周辺に集まると想定されていた。しかし高等法院はそうした人々の間接的な参加よりも、聖堂参事会と高等法院の席順争いに関心を向けた。したがって大聖堂でのテ・デウムは多くの都市民を排除したかたちで成立した。

祝火での都市民の動員規模は総行列と同様かそれ以上に大きくなった可能性がある。しかしテ・デウムと祝火のみの組み合わせの儀式と総行列とを、参加者と観衆が経験的に、都市の住民構成と秩序を確認する手続きとして比較すると、総行列では都市民がその行程上に集まるので視覚的な確認の可能性が期待できるのに対して、テ・デウムにおいて確認できる範囲は、参加者である官職・役職をもつ者などに限定され、祝火にのみ参加する都市民は自宅の周辺といった狭い範囲しか見ることができなかったと考えられる。祝火を指示した人々のあいだでも、祝火が市内全域で焚かれているという一円性は視覚的に確認されず、想像されるだけであったかもしれない。しかしそれは聖堂参事会と高等法院・都市参事会が、都市の秩序を形成・確認するために、大規模な祝祭に代わる手段を手に入れたことを意味してはいないか。

5　閲兵式

ルーアンの都市参事会は都市防衛体制を確認する手続きとして、閲兵式という身体的・視覚的経験による確認の機会と、武装可能な都市民についての調査と名簿作成、さらに武装命令または武装禁止令という文書による確認の機会とを用いていた。そこで筆者はルーアンの諸機関が、大規模な祝祭で都市の構成員を経験的に確認しなくとも、都市の秩序を形成・確認する新たな手段を手に入れた可能性について検証する際に、この武装に関する秩序の確認手段に注目する。ただし閲兵式については都市参事会史料に計画された記録があるものの、回数・記述とも少ないうえに事後記録はない。それらの記録のうち一五〇七年と一二年のものは、市内に住む貴族 nobles を閲兵式に動員する指示であり、[467] 貴族以外の武装した都市民を動員する指示は、一五二五年から六八年までに七回見出せる。

一五二五年の国王虜囚の際に都市参事会は、警吏と五十人隊の閲兵式、[468] 地区ごとの武装した住民による閲兵式と、グラン・セネシャルのブレゼの指揮下で、旗手・太鼓手・ラッパ手なども加えた全市の閲兵式をおこなうとした。地区ごとの住民の武装状況について都市参事会では、まず国王虜囚の情報が伝わった三月十日に、地区長がそれぞれの地区に二百から三百人の十分に武装できる男がいるかどうか確認すべきという意見が出された。[469] その数日後には、地区長が家ごとに武器 harnoys et bastons の所有状況を調べ、一か月後に予定されている閲兵式のために、十分な数の火縄銃を分配し、さらに調査結果を文書にすべきという命令が出された。[470] この文書については確認できないが、四月三日までに都市参事会に提出されたらしく、都市参事会はこの日に四地区それぞれについて、閲兵式のために武装して集合すべき quilz se trouuent prestz et appareillez pour estre veuz et faire leurs monstres 日時と場所を指示した。(471) 同じ月の二十三日に、グラン・セネシャルのもとで全市の閲兵式を挙行するための議論が始まった。(472) 閲兵式の目的は、五月二日の都市参事会での都市参事会員ル・ルー Jehan Le Roux の発言によれば、「この都市で武器を持っている人々の数を知るため pour scauoir aucunement le nombre des gens de lad ville portans armes」とされている。(473) しかし都市参事会史料には閲兵式の内容についての記録がない。

十七世紀のルーアン史家ファランによると、全市の閲兵式は一五二五年五月七日におこなわれ、コーショワーズ地区から銃や槍で武装した男千八百人、ボーヴォワジーヌ地区から銃や弩・槍で武装した男千八百人、聖イレール地区から二千二百人、マルタンヴィル地区から二千四百人が参加した。そのパレードは四地区の参加者がこの順に並んだ後ろに、五十人隊、太鼓手とラッパ手、警吏が続き、バイイ代理官をしんがりにした形で、橋門を出て近郊区のプティ・クヴィイ Petit-Quevilly にある聖ジュリアン礼拝堂付近まで行った。また閲兵式の直後には、ヴェクサン地方の盗賊団を討伐すると称して、八千人が武装して市外に出たが戦闘には及ばず、付近の村に一泊して帰還したという「牛乳戦争」と呼ばれる事件があったとされる。(474) 都市参事会の記録にも、閲兵式の後に武装した住民がバイイ代理官の許可なく市外に出て狼藉を働いたとして、高等法院に非難されたとある。(475) このように、閲兵式とは都市防衛体制を確認するものとして、都市防衛隊長である州総督またはバイイの指揮下で、都市防衛に参加する都市民が武装しておこなうパレードであったようだ。

一五三六年には州総督ラ・ミユレーが都市参事会に総閲兵式 monstre generalle の挙行を指示し、都市参事会はいったん受け入れたが、(476) 結局は人数が集まらないために実施できないと州総督に回答した。(477) この後、都市参事会はコーショワーズを除く三地区の地区長に住民の武器所有状況を調査するよう指示しているが、これが閲兵式を挙行する目的であったかどうか、またこの調査と閲兵式の挙行がそれぞれ実現したかどうかは不明である。(478) 一五五八年には都市参事会が、武装できる住民の数を確認したうえで、州総督ブーイヨン公に閲兵式をいつおこなうか問い合わせるとした。(479)

一五六二年のユグノー蜂起が鎮圧された後に、ルーアンで都市民兵が組織整備された際にも、都市参事会は閲兵式の挙行を検討した。まず一五六二年十一月十六日に都市参事会は、各地区の十分な人数の名士 vng bon nombre de notables personnaiges が、地区ごとに都市防衛にあたるべき四人の隊長と百人の男 homme を選出し、隊長はその男たちが十分な武器を持っているかどうか調査して、持っていない場合にはいつまでに武器を買うべきかを命じるとした。そのうえで総督のヴィルボンと都市参事会員・都市役人も出席して、閲兵式をおこなうと予定した。(480) これが実現したかどうかは不明である。また翌六三年四月に都市参事会は、まだイングランドがル・アーヴルを占領しているので、新教徒への示威行為として総閲兵式をおこなうとした。(481) 一五六八年にはカルージュが都市参事会に総閲兵式を命じた。(482) 都市参事会議事録ではこれが最後の記録である。

これだけの例しかない閲兵式であるが、例えば一五二五年に始まる火縄銃隊の組織整備と平行して、また一五六二年に始まる都市民兵の組織整備とともに、都市防衛体制を身体的・視覚的経験によって確認する機会として閲兵式の挙行が計画された。したがってこれら二つの新しい都市防衛団体の整備は、閲兵式の挙行のきっかけになった可能性がある。しかしこれらの組織整備が進むにつれて、当局が都市防衛に参加すべき人々の範囲を規定できるようになると、かえって都市防衛体制を経験的に確認する機会の意味が失われたとも言えるのではないだろうか。当局は十六世紀前半から都市防衛団体を整備する際に、儀礼によらない都市防衛体制の確認手段として、都市民に対する武器所有調査をつうじて情報の掌握を進めていた。都市参事会で住民の武器所有状況を調査すべきとの提案は、まず一五一二年と一五二四―二五年にあり、(483) 一五六四年には都市参事会が州総督と国王の命令を受けて、武装特権を持つ者以外の武器携帯を禁止するとともに、各家の住民と奉公人の姓名を届け出るよう命じた。(484) このように当局は都市民の武装をめぐって、都市防衛団体の組織整備、都市民に対する調査と名簿の作成、および治安令による武装規制という、治安行政の領域での諸手段を深化させるのと平行して、閲兵式をおこなわなくなったとみられる。一五七二年には都市防衛にあたる四百人のブルジョワが都市参事会に召集されたが、[485] 閲兵式はおこなわれなかった。

ただし当局がこうした名簿作成と武装規制などによって、都市防衛体制を恒常的に把握し統制したとは必ずしも言えないだろう。都市参事会においては、閲兵式の挙行についての議論も武装に関わる治安令などについての議論もまた、もっぱら危機的な状況に際しての臨時の対応としておこなわれていたように読み取れるからである。

終章　祝祭と治安行政　秩序形成をめぐって

ルーアンにおいて大規模な祝祭が挙行されていた年代は、入市式と総行列の例をみると一五三一年から一五五〇年までに集中している。入市式のなかでは国王入市式が州総督や大司教の入市式よりも大規模で、最大のものは一五五〇年のアンリ二世入市式である。州総督の入市式のなかでは一五三一年の王太子の入市式がもっとも大規模であった。総行列の参加者について、都市参事会の記録に残されている一五三五年と四二年の総行列の参加規模は入市式よりもはるかに多く、しかも一五四二年のほうが規模が大きい。閲兵式については挙行時ごとの規模が不明だが、貴族以外の都市民を動員するものが、一五二五年から一五六八年までのあいだに挙行された可能性がある。

その規模の拡大は、より多くの参加者を都市の秩序に組み入れるためであったと捉えられる。総行列・入市式などのパレードには、大聖堂をはじめとする市内の主要な教会・修道院の聖職者と、市内に所在する最高諸法院などの官僚、都市役人、地区や職種・信心会などの代表として多数の都市民が動員された。国王もまた国王入市式に登場しただけでなく、総行列によって国王の関心事を祝賀または祈願させていたので、総行列の登場人物にもなったと言える。最高諸法院などの諸機関は、都市よりも広い地域を管轄するものであっても、所在する都市の祝祭に参加して都市当局などとのあいだで序列をつけられた。さらに官職・役職をもたない多数の住民、そのほかの人々も参加者に加えられた。一五四二年の総行列の記録では、パレードに四地区の「ブルジョワ」が正式に参加したほかに、「多数の男女の民衆 le commun peuple de la ville tant hommes que femmes en grand nombre」(486)がパレードの後ろについて歩いたとされる。一五五〇年の国王入市式では、パレードに正式に参加した「職種ごとの人々 gens des mestiers」のほかに、「郊外区から橋をわたって市内までの至るところ、さらに城壁の上、両岸の建物の窓や屋根の上や、川船などから見物した無数の民衆 le peuple fut en diuers lieux, tant de la ville que des faulx bourgs, mesme de l'estandue du pont, innumerablement respandu, toutesfoys vne autre infinite de peuple, auoit tellement remply, les carneux des murailles, les fenestres & toictz des maisons, des deux costez de l'eau, & le riuage tant seme de gondolles, barques & felestes」(487)の存在が記録されている。入市式・総行列で都市の中心部を数百人から数千人が練り歩くパレードは、正式な参加者だけでなく、多くの観衆をも都市という舞台に登場させ、視覚的に都市の構成員と秩序を確認する手続きだったと考えられる。

しかしこのような大規模な祝祭について、ルーアンでは十六世紀後半から回数じたいの減少と、参加者規模の縮小がみられる。まず一五五〇年代以来、都市参事会が総行列の参加者を議題にする際に、都市当局とそのほかの世俗機関との序列に議論を限定したので、総行列の規模が縮小した可能性がある。さらに総行列にかわってテ・デウムが国王のための祝賀儀式の中心になり、また国王の行幸に際して入市式の規模が縮小しただけでなく、宴会や小規模な出迎えのみがおこなわれるようになった。これら新しい形式の国王儀礼に参加したのは、国王官僚・都市役人から、五十人隊・火縄銃隊などまでで、いずれも国王によって身分や特権を保証されていた。したがって彼らは王権に頼って、都市支配層としての自らの序列と権限を確認し、そうした特権を持たないブルジョワ・住民や親方、都市民兵などを儀式から排除した。儀礼を、参加者が経験的に国王との関係および参加者相互の序列を確認し、都市の秩序についての情報を獲得できる機会とみなすならば、都市支配層はその機会を独占したとも言えよう。

とはいえ総行列をともなわずにテ・デウムと祝火の組み合わせで挙行された祝賀儀式では、都市民が祝火への参加を指示されるので、儀礼に参加する機会を埋め合わされているかもしれない。しかし都市民は祝火では、都市の全体的な秩序を視覚的に確認できる場から排除され、地区長から十人長に至る市内の指揮命令系統の末端に位置づけられた。

その指揮命令系統は治安行政とともに発達していた。十六世紀初頭には疫病対策と救貧政策の領域で、都市の人々についての情報収集を命じ、行動規範を提示する内容の治安令が出されていた。十六世紀をつうじて、治安令は秩序維持・犯罪防止などの目的で増加し、その監視のための役職が増設された。この秩序維持体制の一面が都市防衛体制の整備にあらわれている。当局は都市民の一部を、一五二五年以降に火縄銃隊、六二年からは都市民兵に組織していくとともに、武装可能な都市民についての調査と名簿作成、および都市の人々に対する武装命令または武装禁止令など、治安行政の領域での管理を強化した。その体制を確認する際には、指揮命令系統と文書に頼るだけではなく、閲兵式という参加者の経験による確認の手続きも用いていたが、治安行政が深化すると閲兵式をおこなわなくなった。

それと同様に、都市全体の秩序の形成・表明においては、治安行政が深化するにつれて、大規模な都市祝祭という都市の人々の視覚的・身体的経験に訴える方法を、都市支配層が用いなくなったのではないか。都市の秩序を形成し、また情報を掌握する機会として、聖堂参事会・都市参事会と高等法院が主導した都市祝祭と治安行政とは、このように相互補完的あるいは対照的な関係にあると捉えられる。

都市祝祭と治安行政との変化の、ルーアンにおける年代ごとのあらわれとして、イタリア戦争期のルイ十二世治世から、いっぽうでは都市祝祭の規模拡大、もういっぽうでは高等法院の介入による都市治安行政の強化が始まった。一五二五年に国王虜囚事件が起こり、一五三〇—五〇年代には都市財政が悪化しペスト・貧民問題が深刻化するあいだにも、都市祝祭は規模を拡大し、また治安行政も深化した。しかし宗教戦争勃発の後には、秩序維持のための治安行政がますます深化したのに対して、都市祝祭は衰退した。大規模な都市祝祭に代わる都市支配層のみの儀礼は、一五七〇年代のアンリ三世の到着に際してもみられるが、一五八〇年代のテ・デウムの確立を経て、入市式をおこなわなかったルイ十三世治世までに慣例となる。このあいだに都市防衛団体の組織整備、住民に対する武器調査と武装命令または武装禁止令、また救貧政策や浮浪者追放令が繰り返され、治安行政は深化を続けた。宗教戦争が鎮静化した十六世紀末には、治安行政による秩序の確立が不十分だったとしても、例えば祝火を焚くという指示が、市内の指揮命令系統をつうじて伝えられる状況を、都市支配層は想像できた。

　治安行政の深化とは、治安令を出す側である当局に、治安令の対象である都市の秩序についての情報が文書で蓄積され、さらに調査と監視をおこなう指揮命令系統が集中することを意味した。その結果、新たな秩序維持体制のもとで都市についての情報を掌握し、都市の秩序を定め、それを都市において実現させる権威を権力を備えたとみなされる都市支配層と、そこに属さない治安行政の対象（であり臣民 sujet）とが差別化された。このように治安行政とは、都市の支配構造と、都市の共同性のあらわれ方を大きく変えるものであった。

　ここからさらにいくつかの仮説を示唆しておきたい。一つは都市に関する叙述の増加である。筆者は本論で当局による都市祝祭の記録を用いて都市の秩序について述べてきたが、大規模な都市祝祭における秩序の確認が、パレードの参加者と見物人の経験によって、祝祭を組織した当局の側の意図にそったかたちでなされたとは限らない。むしろ当局にとっては高等法院と都市参事会の記録、さらに匿名で出版された入市式の記録が、都市の構成員に関する情報収集と秩序確認の手段となった可能性はないだろうか。だとすれば都市祝祭が経験による秩序形成の手段だったとしても、その記録は文書による秩序形成に寄与したのかもしれない。さらに十六世紀には、ルーアンの地勢や都市史、所在する諸機関について、都市参事会員経験者のジャック・ル・リユールが一五二五―二六年に作成した図面つきの『泉の書 le livre des fontaines de la ville de Rouen』(488)、ベルフォレによる一五七五年の地図(489)、コルドリエ会士ノエル・タイユピエが一五八七年に、ルーアン大司教への献辞を付して出版した『ルーアン史 Recveil des antiqvitez et singvlaritez de la ville de Rouen』などがあらわれる。(490) これらの情報に触れることができた人々は、その多くが都市支配層に属したであろうが、ルーアンという都市を、秩序をもった世界として想像する新たな手がかりを得たであろう。

いっぽう当局が主導しなかった祝祭として、ルーアンにおいては〈コナールの修道院〉(Conards は「馬鹿者ども」の意)による謝肉祭があった。この団体は一五四二年の総行列の正式な参加者となり、一五五〇年には国王入市式の数日後に国王の御前で演劇を上演した。(491) 彼らによる仮装パレードを中心とした謝肉祭の記録が、一五八七年に匿名で出版されている。(492) コナールは高等法院から謝肉祭期間の活動を許可する判決を得ていたが、後には活動許可が同時に活動規制、特に仮装規制の内容を含むようになった。これも治安行政による秩序の精緻化を反映するものであろう。

ルーアンはフランス屈指の有力な地方都市であり、その立地条件から、パリおよび国内外の各地と商業・産業だけでなく情報面でも交流を持つのに有利であった。大学こそないものの、多数の聖職者・官僚・法曹を擁していた。謝肉祭の記録などをみても文芸活動が活発であったと考えられる。しかし、これまでみてきたような治安行政の深化と、都市の秩序についての見方の変化は、ルーアンに固有のものとしてではなく近世の国制に関わるものとして捉えられるだろう。

国制レベルに視点を移すならば、ほぼ同じ時期におこなわれていた国王儀礼のなかで、行幸先の都市ごとに挙行される国王入市式と、王国全体での挙行を命じられる総行列、テ・デウム、祝火が、ともに国王と諸地方のあいだで秩序を確認する機会と捉えられる。このうち入市式が、国王の巡幸と直接対話による「諮問的王政」を特徴づけるものであるならば、王国全体で挙行される儀礼は、王国内の指揮命令系統の整備との関連において捉えられる。

このように祝祭は、それが挙行されていた当時の都市または王国の秩序の形成・表明のあり方を映している。

註

序章

（1）この年代を一つの時代区分として取りあげたものとしては、例えば Emmanuel LE ROY LADURIE, *L'Etat royal 1460-1610*, Paris, Hachette, 1987.「ルネサンス王政」の語を用いた研究としては J. Russell MAJOR, *From Renaissance Monarchy to Absolute Monarchy. French kings, nobles, & estates*, Baltimore, MD, The Johns Hopkins University Press, 1994.「諮問的王政」の語を用いている研究者としては Philippe HAMON, "Une monarchie de la Renaissance? 1515-1559", in: Joël CORNETTE (dir.), *La monarchie entre Renaissance et Révolution 1515-1792*, Paris, Seuil, 2000, pp. 13-62. この監修者コルネットは自著でフランソワ一世・アンリ二世治世を扱った章のタイトルを「第一次絶対王政 Un premier absolutisme? (1515-1559)」としている。Joël CORNETTE, *Histoire de la France: l'affirmation de l'Etat absolu 1515-1652*, Paris, Hachette, 2000. 小山啓子『フランス・ルネサンス王政と都市社会　—リヨンを中心として』、九州大学出版会、二〇〇六年。

（2）二宮宏之「王の儀礼　—フランス絶対王政—」、『岩波シリーズ世界史への問い七　権威と権力』岩波書店、一九九〇年、一二九—一五八頁（二宮『フランス　アンシアン・レジーム論　—社会的結合・権力秩序・叛乱—』、岩波書店、二〇〇七年、二七七—三〇五頁に再掲）。

（3）示唆的なものとして、ピーター・バーク『知識の社会史　—知と情報はいかにして商品化したか—』、井山弘幸・城戸淳訳、新曜社、二〇〇四年（原著二〇〇〇年）、一九五—一九六頁に、君主の情報掌握手段としての国内巡幸と報告書の回収との対比がある。なお近世の文書行政については、同書、一七八—一八五頁。

第一章　都市史研究

1　「ルネサンス王政」と都市

（1）背景としての社会経済状況

（4）Fernand BRAUDEL et Ernest LABROUSSE (dir.), *Histoire économique et sociale de la France*, tome I, 1er volume: *L'Etat et la Ville* (par Pierre CHAUNU et Richard GASCON), Paris, PUF, 1977, p. 247.

（5）竹岡敬温『近代フランス物価史序説　―価格革命の研究―』、創文社、一九七三年。

（6）Bernard CHEVALIER, *Les bonnes villes de France du XIVe au XVIe siècle*, Paris, Aubier Montaigne, 1982, pp. 143-149, 162-171.

（7）藤井美男『中世後期南ネーデルラント毛織物工業史の研究　―工業構造の転換をめぐる理論と実証―』九州大学出版会、一九九八年、五六―六一頁、これらの指摘をした研究者として、ソーター M. Sortor、マンロー J. H. Munro、グスタフソン B. Gustafsson が挙げられている。

（8）フェルナン・ブローデル『交換のはたらき　物質文明・経済・資本主義　十五―十八世紀　II―2』、山本淳一訳、みすず書房、一九八八年（原著一九七九年）、二四頁。

（9）Robert DESCIMON, "L'échevinage parisien sous Henri IV (1594-1609). Autonomie urbaine, conflits politiques et exclusives sociales", in: Neithard BURST et J.-Ph. GENET (éd.), *La ville, la bourgeoisie et la genèse de l'Etat moderne (XIIe-XVIIIe siècles), Actes du colloque de Bielefeld (29 novembre-1er décembre 1985)*, Paris, CNRS, 1988, pp. 113-150; 高澤紀恵「近世パリの「危機」と「安定」―パリ史からのコメント―」、イギリス都市・農村共同体研究会編『巨大都市ロンドンの勃興』、刀水書房、一九九九年、一三六―一六七頁、一五二―一五六頁によれば、パリでは十六世紀をつうじて都市行政官職をめぐる貿易商人と官僚の対立がみられたが、十六世紀末には官僚の優位が確定したとされる。

（10）Philip BENEDICT, "French cities from the sixteenth century to the Revolution: An overview", in: idem (ed.), *Cities and Social Change in Early Modern France*, London, Routeledge, 1992, pp. 7-64（引用部分は、p. 29）. 高等法院所在地であるトゥールーズでも、官僚層が商人層を凌いで台頭した。宮崎揚弘『フランスの法服貴族　一八世紀トゥルーズの社会史』、同文舘、一九九四年、

一八頁。

（11）Philippe HAMON, *L'argent du roi. Les finances sous François Ier*, Paris, Comite pour l'histoire économique et financière de la France, 1994, pp. 428-449; Michel ANTOINE, *Le cœur de l'État. Surintendance, contrôle général et intendances des finances 1552-1791*, Paris, Fayard, 2003, pp. 24-25.

（12）フランソワ・オリヴィエ＝マルタン『フランス法制史概説』、塙浩訳、創文社、一九八六年（原著一九五一年）、二宮宏之「フランス絶対王政の統治構造」、『全体を見る眼と歴史家たち』、木鐸社、一九八六年、一二二―一七一頁（初出一九七九年、二宮『フランス　アンシアン・レジーム論　―社会的結合・権力秩序・叛乱―』、岩波書店、二〇〇七年、二一九―二六二頁に再掲）。

（13）三部会については、高橋清徳『国家と身分制議会　―フランス国制史研究―』、東洋書林、二〇〇三年。また地方三部会について、伊藤滋夫「近世ノルマンディにおける直接税徴税機構　―地方三部会とエレクシオン制―」、『史学雑誌』第一〇三編七号、一九九四年、一―三四頁。

（14）B. CHEVALIER, *Les bonnes villes.*

（15）宗教戦争期の都市史研究の主なものとしては、Philip BENEDICT, *Rouen during the Wars of Religion*, Cambridge, Cambridge University Press, 1981; Robert DESCIMON, "Qui étaient les Seize? Etude sociale de deux cent vingt-cinq cadres laïcs de la ligue radicale parisienne (1585-1594)", *Paris et Ile-de-France. Mémoires*, tome 34, 1983, pp. 7-300; Wolfgang KAISER, *Marseille aux temps des troubles. Morphologie sociale et luttes de factions 1559-1596*, Paris, EHESS, 1992 (édition originale allemande, 1991). 社会経済的要因などから宗教戦争を捉えることの限界については、高澤紀恵「フランス宗教戦争期のパリ十六区総代会　―一八八～八九年体制を中心に―」、『史学雑誌』第九六編十号、一九八七年、一―三四頁。宗教戦争期に王権によって都市特権を剥奪された都市は、例えばアミアン。林田伸一「フランス絶対王政下の都市自治権　―アミアンを中心として―」、『史学雑誌』第八七編第十一号、一―三五頁、一九七八年。

（16）高澤「近世パリの「危機」と「安定」」、一三七頁において、高澤は「（一五八八年の）リーグ、（一六四八年の）フロンドと二度にわたり都市民が結集して王権にむかって全市的蜂起を組織しえたということは、その後の状況に比べ都市社会内部の結合が強く機能していた、その意味では安定的であった、と考えることも可能だ」と含みをもたせている。

（17）最近の例では、Tierry AMALOU, *Une concorde urbaine. Senlis au temps des réformes (vers 1520-vers 1580),* Limoges, Pulim, 2007; Hilary J. BERNSTEIN, *Between Crown and Community. Politics and Civic Culture in Sixteenth-Century Poitiers,* Ithaca, Cornell University Press, 2004; Michael P. BREEN, *Law, City, and King. Legal Culture, Municipal Politics, and State Formation in Early Modern Dijon,* Rochester, NY, University of Rochester Press, 2007; David RIVAUD, *Les villes et le roi (v. 1440-v. 1560). Les municipalités de Bourges, Poitiers et Tours et l'émergence de l'Etat moderne,* Rennes, Presses universitaires de Rennes, 2007.

2　都市行政体制

（1）諸機関の存在

（18）引用部分は、B. CHEVALIER, "L'état et les bonnes villes en France au temps de leur accord parfait (1450-1550)", in: N. BURST et J.-Ph. GENET (ed.), *La ville, la bourgeoisie et la genèse de l'Etat moderne (op. cit.),* pp. 71-85, p. 82.

（19）Ph. HAMON, "Une monarchie de la Renaissance?".

（20）Ph. BENEDICT, "French cities from the sixteenth century to the Revolution", pp. 20-24; パリにおいては高等法院ではなくシャトレ裁判所が都市の治安行政に対する権限を強化しつつある。R. DESCIMON, "L'échevinage parisien sous Henri IV"; 高澤紀恵「近隣関係・都市・王権　―一六―一八世紀パリ―」、『岩波講座世界歴史一六　主権国家と啓蒙』、一九九九年、一七一―一九三頁。

（2）都市財政

（21）十六世紀には王国の財政機構そのものが整備・強化されている。国庫財務府の設置についてはすでに述べたが、それに先立ってフランソワ一世が一五二三年に単一の国庫 Caisse を設置し、一五四二年には国内を十六の総徴税官区 généralité に区分した。Jean VANNIER, *Essai sur le Bureau des Finances de la Généralité de Rouen 1551-1790,* Rouen, A. Lestringant, 1927, pp. 7-8; Philippe HAMON, *L'argent du roi*; Michel ANTOINE, *Le cœur de l'Etat.*

（22）中世後期に関する都市財政史として、花田洋一郎『フランス中世都市制度と都市住民　―シャンパーニュの都市プロヴァンを中心にして―』、九州大学出版会、二〇〇二年、藤井美男『ブルゴーニュ国家とブリュッセル―財政をめぐる形成期近代国家と中世都市―』、ミネルヴァ書房、二〇〇七年。

（23）B. CHEVALIER, "L'état et les bonnes villes", pp. 82-83.

（24）B. CHEVALIER, *Les bonnes villes*, pp. 103 et 216-217.

（25）Robert DESCIMON, "Paris on the eve of Saint Bartholomew: taxation, privilege, and social geography", in: Philip BENEDICT (ed.), *Cities and Social Change in Early Modern France (op. cit.)*, pp. 69-104, pp. 72-74.

（26）Ph. HAMON, *L'argent du roi*, pp. 96-104.

（27）Ph. HAMON, *L'argent du roi*, p. 101.

（3）治安行政

（28）ミシェル・フーコーほか著『フーコーの〈全体的なものと個的なもの〉』、北山晴一訳・解説、三交社、一九九三年（原文一九八一年）。

（29）ゲルハルト・エーストライヒ「ヨーロッパ絶対主義の構造に関する諸問題」、F・ハルトゥングほか著、成瀬治編訳『伝統社会と近代国家』、岩波書店、一九八二年、二三三―二五八頁（原文一九六九年）、ゲルハルト・エーストライヒ『近代国家の覚醒―新ストア主義・身分制・ポリツァイ―』、阪口修平ほか編訳、創文社、一九九三年（原文一九八〇年）。フーコーもまた治安令が当初は都市のペスト対策として出されたと示唆している。ミシェル・フーコー『監獄の誕生―監視と処罰―』、田村俶訳、新潮社、一九七七年（原著一九七五年）、一九八―二〇二、二一〇―二一六頁。

（30）高澤紀恵『近世パリに生きる　ソシアビリテと秩序』、岩波書店、二〇〇八年、一四四―一四六頁で取り上げられている、一六一四年にパリで武器取り締まりをめぐっておきた、これが「ポリス」の問題に包摂されるかどうかという論争が興味深い。同「パリのポリス改革―一六六六―一六六七―」、『思想』第九五九号、二〇〇四年、六二―八七頁。治安令の例として Antoine FONTANON, *Les Edicts et ordonnances des roys de France depvis S. Loys ivsques à présent avec les vérifications, modifications et déclarations sur icelles*, Paris chez Nicolas Chesneav, 1580, pp. 559-593 に、一五六七年、七二年、七七年の三回の「一般的治安 police générale」に関する王令が収集されている。

（３１）Alain GUERY, "L'Etat. L'outil du bien commun", in:Pierre NORA (dir.), *Les lieux de mémoire, III Les France* tome 3, 1992, pp. 818-867, 引用は p. 842, ドラマールの『治安行政論（Nicolas DELAMARE, *Traité de la Police*, 1705）』を孫引き。

（３２）Robert MUCHEMBLED, *Le temps des supplices. De l'obéissance sous les rois absolus, XVe-XVIIIe siècle*, Paris, Armand Colin, 1992, p. 52.

（３３）B. CHEVALIER, "L'état et les bonnes villes", p. 84; idem, *Les bonnes villes*, pp. 224-229 et 238.

（３４）Michel MOLLAT (dir.), *Etude sur l'histoire de la pauvreté (Moyen Age-XVIe siècle)*, 2 vols., Paris, Publications de la Sorbonne, 1974; idem, *Les pauvres au Moyen Age. Etude sociale*, Paris, Hachette, 1978; Natalie Zemon DAVIS, "Poor Relief, Humanism, and Heresy", in: idem, *Society and Culture in Early Modern France. Eight Essays*, Stanford, CA, Stanford University Press, 1975, pp. 17-64, 邦訳、ナタリー・Z・デーヴィス『愚者の王国　異端の都市　―近代初期フランスの民衆文化』、成瀬駒男ほか訳、平凡社、一九八七年、第二章「貧民救済・ユマニスム・異端」、三七―九三頁；ブロニスワフ・ゲレメク、早坂真理訳、『憐れみと縛り首　―ヨーロッパ史の中の貧民―』、平凡社、一九九三年（原著一九八九年）；河原温、『中世フランドルの都市と社会　―慈善の社会史―』、中央大学出版部、二〇〇一年。

（３５）高澤『近世パリに生きる』、二八頁。

（４）都市防衛

（３６）B. CHEVALIER, *Les bonnes villes*, pp. 118-128.

（３７）David POTTER, *War and Government in the French Provinces. Picardy 1470-1560*, Cambridge, Cambridge University Press, 1993, pp. 92-112; W. KAISER, *Marseille au temps des trouble*, pp. 134-135.

（３８）Robert DESCIMON, "La milice bourgeoise et identité citadine à Paris au temps de la Ligue", *Annales. Economies Sociétés Civilisations*, 48-4, 1993, pp. 885-906; 高澤紀恵「「パリの夜回り」考　―一五五九年の改編をめぐって―」、比較都市史研究会編『都市と共同体』、名著出版、一九九一年、下巻八九―一一一頁、同「パリの民兵　―リーグからフロンドへ―」、二宮宏之編『結びあうかたち　―ソシアビリテ論の射程―』、山川出版社、一九九五年、七三―一〇〇頁。

（３９）R. DESCIMON, "La milice bourgeoise et identité citadine", pp. 888-891.

（40）高澤『近世パリに生きる』、引用は三三頁。
（41）高澤「パリの民兵」、七九―八六頁。
（42）高澤紀恵「近世パリ社会と武器」、二宮宏之・阿河雄二郎編『アンシアン・レジームの国家と社会　権力の社会史へ』、山川出版社、二〇〇三年、一〇一―一三〇頁。

3　祝祭の機能

（1）祝祭研究と「新しい文化史」

（43）B. CHEVALIER, *Les bonnes villes*, p. 89.
（44）筆者は季節の祭りの名称として「謝肉祭」を用い、そこでおこなわれるような「お祭り騒ぎ」をさす場合に「カーニヴァル」の語を用いる。主要なカーニヴァル研究としては、ミハイール・バフチーン『フランソワ・ラブレーの作品と中世・ルネッサンスの民衆文化』、川端香男里訳、せりか書房、一九八八（原著一九六五年）、Martine GRINBERG, "Carnaval et société urbaine XIVe-XVIe siècles: le royaume dans la ville", *Ethnologie française*, nouvelle série, IV-3, 1974, pp. 215-244; Natalie Zemon DAVIS, "The Reasons of Misrule", in: idem, *Society and Culture in Early Modern France*, pp. 97-123, 邦訳、ナタリー・Z・デーヴィス「無軌道の存在理由」、同著者『愚者の王国　異端の都市　―近代初期フランスの民衆文化―』、成瀬駒男ほか訳、平凡社、一九八七年、一三三―一六四頁；Yves-Marie BERCE, *Fête et révolte. Des mentalités populaires du XVIe au XVIIIe siècle*, Paris, Hachette, 1994 (premier édition en 1978), 邦訳、イヴ＝マリ・ベルセ『祭りと反乱　―一六～一八世紀の民衆意識―』井上幸治監訳、新評論、一九八〇；Emmanuel LE ROY LADURIE, *Le carnaval de Romans. De la Chandeleur au mercredi des Cendres 1579-1580*, Paris, Gallimard, 1979; 邦訳、エマニュエル・ル・ロワ・ラデュリ『南仏ロマンの謝肉祭　―叛乱の想像力―』、蔵持不三也訳、新評論、二〇〇二年；Georges DUBY (dir.), *Histoire de la France urbaine, tome 3, La ville classique de la Renaissance aux Révolutions*, volume dirigé par Emmanuel LE ROY LADURIE, Paris, Seuil, 1981, pp. 180-198; ヴィクター・ターナー「カーニヴァル　―社会の反省作用―」『象徴と社会』付録（一九七八年の講演録）、梶原景昭訳、紀伊国屋書店、一九八一年、三〇五―三四三頁。
（45）近世のカーニヴァルに対する抑圧については、ピーター・バーク『ヨーロッパの民衆文化』中村賢二郎・谷泰訳、人文書院、一九八八年（原書出版はロンドンで一九七八年）および、Robert MUCHEMBLED, *Culture populaire et culture des élites dans la France moderne (XVe-XVIIIe siècles)*, Paris, Flammarion, 1978; ロベール・ミュシャンブレッド『近代人の誕生　―フランス民衆社会と習俗の文明化―』、石井洋二郎訳、筑摩書房、一九九二年（原著一九八八年）。

（４６）ロジェ・シャルティエは「民衆文化」ではなく「民衆的あるいは民族的などと名指しされる文化」を「支配的な文化」と区分した。シャルチエ「規制と創出　―祝祭―」、同著者『読書と読者　―アンシャン・レジーム期フランスにおける―』、長谷川輝夫・宮下志朗訳、みすず書房、一九九四年、第一章、一七―四〇頁（原文初出一九八〇年）。

（４７）例えば、国王の御前集会が秩序の確認にとどまらず秩序を形成する手段でもあったという、ローレンス・ブライアントの指摘が挙げられる。Lawrence M. BRYANT, "Making History: Ceremonial Texts, Royal Space, and Political Theory in the Sixteenth Century", in: Michael WOLFE (ed.), *Changing Identities in Early Modern France,* Durham, NC, Duke University Press, 1996, pp. 46-77. また国王入市式は、国王儀礼であると同時に都市民の構成を示す祝祭として重要である。Idem, *The King and the City in the Parisian Royal Entry Ceremony: Politics, Ritual, and Art in the Renaissance, Genève,* Droz, 1986; 小山『フランス・ルネサンス王政と都市社会』、「第 III 章　都市と王権の「対話」」、一〇一―一五四頁。

（４８）Martine GRINBERG, "Carnaval et société urbaine XIVe-XVIe siècles"; idem, "La culture populaire comme enjeu: rituels et pouvoirs (XIVe-XVIIe siècles)", in: *Culture et idéologie dans la genèse de l'Etat moderne. Actes de la table ronde organisée par le Centre national de la recherche scientifique et l'Ecole française de Rome, Rome 15-17 octobre 1984,* Rome, Ecole française de Rome, 1985, pp. 381-392. 引用は後者 p. 384.

（４９）Y.-M. BERCE, *Fête et révolte,* pp. 102-105, 邦訳、ベルセ『祭りと叛乱』、一六七―一七一頁。

（５０）ロジェ・シャルチエ「規制と創出　―祝祭―」、二六―二七頁。

（５１）印出忠夫「儀礼を通じて見た中世都市ボルドーの聖域構造」、『史学雑誌』第九九編九号、一九九〇年、四一―六一頁、同「都市宗教儀礼を通じて見た中世都市のアイデンティフィケーション　―ある問題整理の試み―」、『上智史学』第三八号、一九九三年、九九―一一八頁。

（５２）二宮「王の儀礼」、一五〇頁。

（2）国王入市式と総行列

（53）L. M. BRYANT, *The King and the City in the Parisian Royal Entry Ceremony*, pp. 51-55.

（54）小山『フランス・ルネサンス王政と都市社会』、一三一―一三六頁。

（55）総行列と入市式の類似性を指摘した研究として、印出忠夫「中世末期ボルドー Bordeaux における「総行列」（processio generalis）、「入城式」（introitus）とフランス王権」、『紀尾井史学』第八号、一九九八年、四五―五六頁、同「中世末期フランス国王の入城式　―ボルドーのケースを通じて」、磯見辰典編『彷徨　西洋中世世界』、南窓社、一九九六年、一三八―一四六頁。

（56）Michèle FOGEL, *Les cérémonies de l'information dans la France du XVIe au milieu du XVIIIe siècle*, Paris, Fayard, 1989, pp. 136 et 147. ロジェ・シャルティエによれば、テ・デウムは十七世紀以降に、あらゆる身分や社団の人々を召集して全国でいっせいにおこなわれ、国王の存在を全国に知らしめる儀式になるとされる。Roger CHARTIER, *Les origines culturelles de la Révolution française*, Paris, Seuil, 1991, pp. 153-158, 邦訳、ロジェ・シャルチエ『フランス革命の文化的起源』、松浦義弘訳、岩波書店、一九九四、一九四頁。

（57）引用は、高澤紀恵、「近世パリの広場と祝祭　―聖ヨハネの火祭りをめぐって―」、高山博・池上俊一編、『宮廷と広場』、刀水書房、二〇〇二年、二六九―二九四頁、二八八頁、同『近世パリに生きる』、一四一―一四三頁。

（3）秩序形成と祝祭

（58）Y.-M. BERCE, *Fête et révolte*, pp. 111-118 et 148-156, 邦訳、ベルセ『祭りと叛乱』、一七九―一九一、二三七―二四九頁、バーク『ヨーロッパの民衆文化』、特に三五〇―三六三頁。

第二章　都市ルーアン

1　背景

（1）フランス第二の都市

（５９）主要な史料は以下。

ルーアン市文書館所蔵、未刊行史料 ACR: Archives communales de Rouen

都市参事会議事録 ACR série A: délibérations du Conseil, A9-24: 1491-1630.

都市財政記録 ACR série XX, XX4: Dixiesme comtpte de doumaine pour lann' finie a la Sainct M'el mil cinq cens vingt troys (1522-23); XX5: Dommaine finissant a la sainct michel mil cinq cens trente neuf (1538-39).

セーヌ・マリティーム県文書館所蔵、未刊行史料 ADSM: Archives départementales de la Seine-Maritime

高等法院判決集 ADSM série 1B: Parlement de Normandie, 1B301-927: arrêts sur rapport, 1499-1626.

大司教座聖堂参事会議事録 ADSM série G: Archevêché, G2146-2184: délibérations du Chapitre, 1497-1619.

なお史料では復活祭をもって年を改める旧表記（vieux style）が一五六六年まで用いられる。この年以前の一月一日から復活祭前の土曜日までの年表記について、本文中では現行表記に従い、註で史料の日付を示す場合には必要に応じて v.s. を付す。

王令集（刊行済み）*Ordonnances: Ordonnances des rois de France de la troisième race, recueillies par ordre chronologique,* tomes 1-21, Paris, Imprimerie royale/nationale, 1723-1849.

（６０）王令集にみる限り、ルーアンの自治権を確認したもっとも古いものは、"Lettres par lesquelles le Roy confirme les libertés & la justice du Maire & des Bourgeois de Rouen de Philippe III", à Paris en mai 1278, *Ordonnances,* 1, pp. 306-309.

（６１）面積は一七〇ヘクタール。Jean-Pierre BARDET, "La maison rouennaise aux XVIIe et XVIIIe siècles. Economie et comportements", in: idem et als. (éd.) *Le bâtiment enquête d'histoire économique XIVe-XIXe siècles. Maisons rurales et urbaines dans la France traditionnelle,* Paris, EHESS, 2002, pp. 313-518, p. 316. ただし面積を計算したのはバルデではなく Raymond QUENEDEY, *L'Habitation rouennaise,* Rouen, Lestringant, 1926.

（６２）Philip BENEDICT, *Rouen during the Wars of Religion*, Cambridge, Cambridge University Press, 1981, pp. 24-31.

（６３）ルーアンの近郊区とヴィコント区については ACR A9, f° 280 v°, 1er septembre 1498 に toute la terre en la vicomte et banlieue の表現があり、同一とみなした。

（６４）Michel MOLLAT, *Le commerce maritime normand à la fin du Moyen Age*, Paris, Plon, 1952, p. 369. ルーアンの商人とこれらの港の密接な関係がうかがえるのは、ルーアンの都市参事会の議題に海賊被害が取り上げられらた記録 ACR A19, f°s 308 v°-311 r°, 17 juillet 1573 である。そのなかで被害にあったとされる十九隻の船は、それぞれ新大陸、ヴェルデ岬諸島、北アフリカ、リスボン、ボルドーなどからの帰途に襲撃されたもので、ル・アーヴル、フェカン、ディエップ、キーユブーフの船主のものを含む。貿易に関してはほかに Gayle K. BRUNELLE, *The New World Merchants of Rouen 1559-1630,* Kirksville, MO, Sixteenth Century Journal Publishers, 1991. 社会経済史研究としては Jean-Pierre BARDET, *Rouen aux XVIIe et XVIIIe siècles. Les mutations d'un espace social*, 2 vols., Paris, SEDES, 1983.

（６５）Guy BOIS, *La crise du féodalisme*, Paris, Presses de la Fondation Nationale des Sciences Politiques, 1976; Jacques BOTTIN, "Structures et mutations d'un espace protoindustriel à la fin du XVIe siècle", *Annales. Economies Sociétés Civilisations*, 43-4, 1988, pp. 975-995.

（６６）Michel MOLLAT, "Mue d'une ville médiévale (environ 1475-milieu du XVIe siècle", in: idem (dir.), *Histoire de Rouen*, Toulouse, Privat, 1979, pp. 145-178, p. 159.

（６７）Ph. BENEDICT, *Rouen during the Wars of Religion*, p. 3 で、ベネディクトが十六世紀半ばの人口を七万数千人と見積もっているが、他の概説では人口５万から６万と見られている。F. BRAUDEL et E. LABROUSSE (dir.), *Histoire économique et sociale de la France, I-1 L'Etat et la Ville*, p. 397; Georges DUBY (dir), *Histoire de la France urbaine, tome 3: La ville classique de la Renaissance aux Révolutions*, Paris, Seuil, 1981, p. 42.

（２）宗教戦争の展開

（６８）Ph. BENEDICT, *Rouen during the Wars of Religion*, pp. 49-53.

（６９）ADSM G2165, f° 8 r°-v^{o}, 3 juin 1562; f° 9 r°, 29 octobre 1562.

（７０）ACR A20, f° 404 v°, 2 février 1589; f°s 405 v°-406 r°, 10 février 1589; f° 410 v°, 4 mars 1589. カルージュの称号は、ACR A20, f° 401 r°, 14 janvier 1589.

（７１）ADSM 1B699, 2 et 4 mars 1589.

（７２）ルーアンにおける宗教戦争の経過については、A. FLOQUET, *Histoire du Parlement de Normandie*, 7 vols., Rouen, Edouard Frère, 1840-42, tomes 2-3; Ph. BENEDICT, *Rouen during the Wars of Religion*.

2　社会経済状況

（一）繁栄と衰退

（73）Yves BOTTINEAU-FUCHS, "La statuaire de la première Renaissance en Haute-Normandie", *Annales de Normandie*, 42-4, 1992, pp. 365-393; Bernard GAUTHIEZ, "Les places de Rouen, 1480-1530, et l'évolution des places en Normandie du XIIe au XVIe siècle", in: Laurence BAUDOUX-ROUSSEAU et als. (éd.), *La place publique urbaine du Moyen Age à nos jours*, Arras, Artois Presses Université, 2007, pp. 151-162.

（74）M. MOLLAT, *Le commerce maritime normand*; G. K. BRUNELLE, *The New World Merchants of Rouen*; ACR A17, f°s 160 r°-161 r°, 5 juin 1557 によれば、商事裁判所設置の認可 patent は同年（旧表記で一五五六年）三月に出されている。

（75）G. BOIS, *La crise du féodalisme*, pp. 64-71.

（76）*Documents concernant les pauvres de Rouen. Extraits des archives de l'Hôtel-de-ville. Publiés avec introduction, notes et table* par le docteur G. PANEL, 3 vols., Rouen, A. Lestringant-Paris, Auguste Picard, 1917.

（77）M. MOLLAT, *Le commerce maritime normand*, pp. 286-294, 329-334.

（78）M. MOLLAT, *Le commerce maritime normand*, p. 369. ルーアンの商人にとってル・アーヴルなどの港との関係は、十六世紀には損害よりむしろ恩恵をもたらしたとされる。Ibid., pp. 371-373; 深沢克己『海港と文明　近世フランスの港町』、山川出版社、二〇〇二年、一一二頁。

（79）G. K. BRUNELLE, *The New World Merchants of Rouen*, p. 32.

（80）G. K. BRUNELLE, *The New World Merchants of Rouen*, p. 33.

（81）中澤勝三『アントウェルペン国際商業の世界』、同文舘、一九九三年、第四章（一三一―一七八頁）および二一一頁; Jacques BOTTIN, "La présence flamande à Rouen: l'hôte, l'auberge, la maison", in: J. BOTTIN et Donatella CALABI (dir.), *Les étrangers dans la ville. Minorités et espace urbain du bas Moyen Age à l'époque moderne*, Paris, Editions de la Maison des sciences de l'homme Paris, 1999, pp. 183-298.

（82）G. K. BRUNELLE, *The New World Merchants of Rouen*, p. 28 によると、セーヌ・マリティーム県文書館の公正証書コレクショ

ン Tabellionage には一五九〇―九四年の取引契約がほとんどない。

（83）G. K. BRUNELLE, *The New World Merchants of Rouen*, pp. 3-4, 37-42 and 55.

（84）G. BOIS, *Crise de féodalisme*, p. 16.

（85）M. MOLLAT, *Le commerce maritime normand*, pp. 273-285.

（86）Jacques BOTTIN, "Structures et mutations d'un espace protoindustriel"; idem, "Grand commerce et produit textile à Rouen (1550-1620)", *Bulletin du Centre d'histoire des espaces Atlantiques*, nouvelle série, no 5, 1990, pp. 265-279; idem, "La production des toiles en Normandie: milieu XVIe-milieu XVIIe siècles. Approche des voies de développement", in: Denis WORONOFF (dir.), *L'Homme et l'industrie en Normandie du néolithique à nos jours. Actes du congrès régional des sociétés historiques et archéologiques de Normandie, L'Aigle, 26-30 octobre 1988*, Alençon, Société historique et Archéologique de l'Orne, 1990, pp. 77-86.

（2）貿易商人の戦略

（87）"Lettres par lesquelles le Roy en confirme d'autres précédentes ... en faveur de la Commune & des Bourgeois de la ville de Rouen", à Paris le 15 avril 1350, *Ordonnances*, 2, pp. 411-415; "Confirmation d'un accord fait touchant le commerce entre les bourgeois de Paris et ceux de Rouen", à Paris en juin 1351, *Ordonnances*, 4, pp. 87-88.

（88）ポルトガル植民地との通商については ACR A14, f°s 280 v°-286 r°, 22 janvier 1538 v.s. 両替所については ACR A15, f° 329 r°-v^{o}, 26 février 1547 v.s. 海賊被害については ACR A19, f° 305 v°, 14 juillet 1573; f°s 307 r°-311 r°, 17 juillet 1573.

（89）ACR A16, f°s 368 v°-369 r°, 21 juillet 1554.

（90）ACR A17, f°s 160 r°-161 r°, 5 juin 1557.

（91）ACR A18, f° 98 r°, 24 juillet 1563; f°s 99 v°-100 r°, 26 juillet 1563; f° 103 r°, 2 août 1563.

（92）ブリュネルによれば、都市参事会員に選出された者のなかで、アメリカ貿易に投資していた商人は一五五九年から一六二九年までに十人、とりわけ一五九五年以降には一人しかいない。G. K. BRUNELLE, *The New World Merchants of Rouen*, pp. 60-63 and 85.

（93）G. K. BRUNELLE, *The New World Merchants of Rouen*, pp. 85-86, 163-164. ブリュネルによれば、国王財務官については

一五八五年に Pierre Pillatto なる人物が買得している。貿易商人家系と法服貴族家系との結婚戦略については、法服貴族の側からも裏づけられる。ディウォールドによればルーアンの高等法院評定官のあいだでは、十六世紀前半には市外出身者が多かったうえに市内の名士層と姻戚になる例が少なかったが、十六世紀後半以降に市内の名士層と姻戚関係を結ぶ例が増加した。ディウォールドはこの変化を、結婚における経済的期待が増大したためとみている。Jonathan DEWALD, *The Formation of a Provincial Nobility. The magistrates of the Parlement of Rouen, 1499-1610*, Princeton, NJ, Princeton University Press, 1980, pp. 264-285.

(９４) G. K. BRUNELLE, *The New World Merchants of Rouen*, pp. 86-90.

(９５) G. K. BRUNELLE, *The New World Merchants of Rouen*, pp. 86-120.

(９６) G. K. BRUNELLE, *The New World Merchants of Rouen*, pp.94-95, 130-134.

(９７) G. K. BRUNELLE, *The New World Merchants of Rouen*, p. 166.

(3) 毛織物業

(９８) 王令集に見る限り、国王がルーアンの毛織物業に介入したのは、一三五〇年に毛織物業者が縞織物の市場持ち込みをめぐって市長をノルマンディ最高法院に訴え、その判決が国王に承認されたときからである。"Ordonnance contenant Règlement entre les Ouvriers de Drap plein & de Drap rayé, en Normandie", à Paris en mars 1350, *Ordonnances*, 2, pp. 396-399. 毛織物業者は一三六一年に国王から組合規約を承認された際に市長の監督下におかれ（"Lettres qui portent que dans la Ville de Rouen, les Draps pleins seront marquez et scellez", à Paris en Avril 1361, *Ordonnances*, 3, pp. 494-496）、一三七八年の勅書でバイイの監督下に移る。"Statutes & Règlements pour les Drapiers de la Ville de Rouen", à Paris le 4 décembre & en janvier 1378, *Ordonnances*, 6, pp. 364-367.

(９９) Dominique LEOST, "Les métiers rouennais au lendemain de la reconquête française (1449-1455)", *Annales de Normandie*, 43, 1993, pp. 141-153. このうち pp. 151-153 は百年戦争終結前後にルーアンでおこなわれていた職種 métier の用語辞典となっており、五十二職種が挙げられている。

(１００) M. MOLLAT, *Le commerce maritime normand*, pp. 125-126.

(１０１) ACR XX4, p. 77; ACR XX5, f°s 34 r°-37 r°. 前者には業種の内容が不明なもの、また後者には個人名で支払ったものが含まれる。

（１０２）ACR A16, 1er octobre 1550, f°s 111 r°-112 r°; Ph. BENEDICT, *Rouen during the Wars of Religion*, pp. 6-7.

（１０３）ACR XX5, f° 34 r°-v^{o}.

（１０４）M. MOLLAT, *Le commerce maritime normand*, pp. 84-86.

（１０５）J. BOTTIN, "Structures et mutations d'un espace protoindustriel".

（１０６）中世後期以来、この都市では「大毛織物」と区別して「市外毛織物」と呼ばれる業種があった。ロックによれば市外毛織物とは、百年戦争期には混乱を避けて市外からルーアンに移住してきた業者の製品をさした。これについては一三八一年の王令で大毛織物と別の商標 marc が認められた後、一三九一年からは市外毛織物業者が大毛織物業者の立ち入り検査 visitation を受けるなど、大毛織物業者による支配が進み、王令集によればイングランド支配下の一四二四年に、両者の区別が廃止されて商標が統一された。しかし十六世紀には、「市外毛織物」の語がルーアン近郊区の外で生産される毛織物を意味するようになった。Jean-Louis ROCH, "Entre draperie rurale et draperie urbaine? La draperie foraine de Rouen à la fin du Moyen Age", *Annales de Normandie*, 48-3, 1998, pp. 211-230, pp. 217-219; "Lettres de Henri VI, Roi d'Angleterre, soi-disant Roi de France, portant confirmation d'un Reglement fait pour la grande Drapperie & la Draperie foraine de Rouen", à Vernon, en juillet 1424, *Ordonnances*, 13, pp. 55-58.

（１０７）"Lettres concernant les Marchands Drappiers" à Tours, le 6 novembre 1479, *Ordonnances*, 18, pp. 512-516. この王令によれば当時ノルマンディの主要な毛織物産地としてパリで知られていたのは、ルーアンのほかバイユー、リジュー、モンティエヴィリエ、サン・ロー、ベルネ、ルーヴィエ Bayeulx, Lisieux, Monstierviller, Sainct-Lo, Bernay, Louviers et d'autres villes.

（１０８）Mathieu ARNOUX et Jacques BOTTIN, "Autour de Rouen et Paris: modalités d'intégration d'un espace drapier (XIIIe-XVIe siècles)", *Revue d'histoire moderne et contemporaine*, 48-2/3, 2001, pp. 162-191 (repris: "L'organisation des territoires du drap entre Rouen et Paris: dynamiques productives et commerciales (XIIIe-XVIe siècles)", in: Alain BECCHIA (dir.), *La draperie en Normandie du XIIIe au XXe siècle*, Rouen, Publication de l'Université de Rouen, 2003, pp. 167-195), pp. 168-169 によれば、ノルマンディの農村部では十四世紀にすでに毛織物の水車縮絨がおこなわれていた例があるが、ルーアンでは採用されていなかった。

（１０９）ACR A9, f° 179 r°-v^{o}, 22 mars 1494 v.s.; M. MOLLAT, *Le commerce maritime normand*, p. 275.

(110) ACR A9, f° 180 v°, 23 mars 1494 v.s.

(111) ACR A9, f°s 243 v°-244 r°, 12 novembre 1497.

(112) ACR A10, f°s 133 v° et 136 v°, 5 décembre 1508.

(113) ACR A12, f° 211 r°, 5 août 1523; f°s 211 v°-213 r°, 6 août 1523.

(114) ACR XX4, p. 77; ACR XX5, f° 34 r°.

(115) ACR A10, f°s 152 v°-153 r° et 155 r°, 1er septembre 1509.

(116) ACR A11, f° 91 v°, 1er avril 1516 v.s.

(117) ACR A13, f° 116 r°-v^{o}, 12 mai 1530.

(118) ACR A12, f° 325 r°-v^{o}, 15 décembre 1524; fos 327 r°-328 v°, 21 janvier 1524 v.s.

(119) ACR A13, f° 118 v°, 19 janvier 1530 v.s.

(120) ACR A9, f°s 280 v°-281 r°, 1er septembre 1498.

(121) ACR A10, f° 319 r°, 2 décembre 1513; f°s 322 v°-323 v°, 23 décembre 1513; f° 331 v°, 28 janvier 1513 v.s.

(122) ACR A9, f° 220 v°, 8 mars 1496 v.s.; f° 310 v°, 20 juin 1499; ACR A12, f°s 211 r°-213 r°, 5 et 6 août 1523（以上、毛織物業）；ACR A9, f°s 243 v°-244 r°, 12 novembre 1497; ACR A12, f° 327 r°-v^{o}, 21 janvier 1524 v.s.（以上、毛織物検査人）；ACR A14, f° 270, 4 novembre 1538; f°s 328 et 330, 30 novembre 1540（以上、帽子工）.

(123) "Que quatre gardes des Maistres du mestier de drappier feront visitation des draps faits à Darnestal, & les marqueront, donné à Mont-Real en Bourgogne, au mois de May, l'an de grace 1542", *Les Edicts et ordonnances des roys de France*, par Antoine Fontanon, pp. 733-734.

(124) ACR A19, f° 237 v°, 6 août 1572.

(125) Philip BENEDICT, "Heurs et malheurs d'un gros bourg drapant. Note sur la population de Darnétal aux XVIe et XVIIe siècles", *Annales de Normandie*, 28-4, 1978, pp. 195-205.

(126) ACR A21, f°s 142 r°-143 r°, 28 décembre 1595.

(127) M. ARNOUX et J. BOTTIN, "Autour de Rouen et Paris".

（128）J. BOTTIN, "La production des toiles en Normandie", p. 78; 中澤『アントウェルペン国際商業の世界』、九七―一〇六頁。

（129）J. BOTTIN, "La production des toiles en Normandie", p. 79. またベネディクトはルーアンの麻商人に関する興味深い指摘をおこなっている。一五六五年の商事裁判所の徴税簿によると、麻商人は三十六人で羊毛商人十八より多く、納税の平均額も三一・一リーヴルで羊毛商人の一九・七リーヴルより高額である。さらに麻商人のうち過半数の二十人は女性である。ベネディクトは、ルーアンで下着製造・刺繍・リボン織・紡績の四同業組合が女性で構成されていたことをあわせて指摘している。Ph. BENEDICT, *Rouen during the Wars of Religion*, pp. 23-24.

（130）"Status des Fabricants et Tisserands de toile, de 1731, réformant et augumentant les Status de 1676 et de 1701", Charles OUIN-LACROIX, *Histoire des anciennes corporations d'arts et métiers et des confréries religieuses de la capitale de la Normandie*, Rouen, Lecointe Frères, 1850, pp. 646-655. ルーアン総徴税官区は、十六世紀以来カン総徴税官区とノルマンディを二分し、十七世紀にアランソン地方財務局と分離されたものの、ほぼオート・ノルマンディを覆っていた。J. VANNIER, *Essai sur le Bureau des Finances*, pp. 11-13.

（131）深沢克己『海港と文明』、一一二頁。

3　都市行政体制

（1）都市当局と市内の諸機関

（132）*Comptes rendus des échevins de Rouen avec des documents relatifs à leur élection (1409-1701). Extraits des registres des délibérations de la ville et publiés pour la premiére fois* par J. FELIX, 2 vols., Rouen, A. Lestringant, 1890. 一五一六年の記録で都市から報酬を得ていた役職者は、グラン・セネシャル（都市防衛隊長 cappitaine de lad ville の資格で）、都市参事会員六人、都市法務官八人、都市検察官 procur' g'nal de lad ville、書記官 clerc et greffier、工部官 maistre des ouurages、警吏 serg' ordinaire、木造建築監督官 jure des ouurages de charpenterie、石造建築監督官 jure des ouurages de machonnerie、時計技師 orlogier、収入役 receueur、慈善医師 medechin cirurgien et sergent de la charite、塩倉庫監督官 guernetier、バイイ、国王検察官 procureur du Roy、市庁舎管理人 consierge de lostel commun。ACR A11, f°s 19 r°-20 r°, 8 avril 1516. このうちグラン・セネシャルとバイイ、国王検察官は国王直任。ノルマンディにおけるバイイ府の上級審としてのグラン・セネシャル府は、一四九九年のノルマンディ最高

法院常設化の際に廃止されたが、当時グラン・セネシャルであったブレゼは一五三一年に死去するまでこの称号をもっていた。

（133）ACR A10, fº 144 rº, 11 février 1508 v.s. においては En assemblee des vingt quatre faicte ... appellez les gens deglise centenyers cinquantenyers et dix ou douze notables p'sonnes de ch'un cartier; ACR A11, fº 77 vº, 2 janvier 1516 v.s. においては En assemblee des gens deglise vingt quatre du conseil carteniers centeniers cinquanteniers et dixeniers et autres plusieurs notables personnes de ch'un des quatre cartiers de lad' ville en grant nombre tant gens nobles gens de justice marchans que autres; ACR A11, fº 298 vº, 11 décembre 1520 においては En assemblee des gens deglise et vingt quatre du conseil de la ville assemblez auec autre grant nombre de personnes assemblez de ch'un des quatre cartiers de lad' ville tant nobles q' autres auec les centeniers cinquanteniers et dixeniers de lad' ville.

（134）ACR A10, fº 395 vº, 1er août 1515 においては En assemblee des vingt quatre et autres plusieurs notables personnes jusques au nombre de vingt personnes de ch'un cartier; ACR A13, fº 24 rº, 28 mai 1528 においては des gens deglise vingt quatre du conseil douze de ch'un quartier et des communaultez de lad ville et baill' des gens deglise secullieres et regullieres.

（135）ACR A12, fº 123 vº, 17 septembre 1522.

（136）ACR A15, fº 197 vº, 8 juin 1544.

（137）ACR A16, fº 175 rº, 14 janvier 1551 v.s.

（138）概説的にも十六世紀において、都市行政の担い手が商人層から国王官僚に移行するとともに、より多くの都市民が参加する総会 assemblée générale の重要性が失われたと指摘されている。Ph. HAMON, "Une monarchie de la Renaissance?", p. 40.

（139）ベネディクトによれば十六世紀のルーアンにおける弁護士・代訴人の数についての史料はないが、一五三〇年代にバイイ府と高等法院で三百人と推計される。Ph. BENEDICT, *Rouen during the Wars of Religion*, p. 11, note 4.

（140）J. DEWALD, *The Formation of a Provincial Nobility*, p. 69 によれば、一四九九年時点で租税法院八名、高等法院三十五名、うち院長四人（聖職者、俗人各二）と評定官二十八人（聖職者十三、俗人十五）。一六〇〇年時点では高等法院八十三、租税法院十五、会計法院六十四、財務局十二。高等法院設置（ノルマンディ最高法院常設化）の王令は "Edit portant érection de l'Echiquier de Normandie en Parlement" aux Montilz-sous-Blois, en avril 1499, *Ordonnances*, 21, pp. 215-219.

（141）都市防衛隊長は、一五三一年までグラン・セネシャルのブレゼであり、ブレゼの死後はルーアンのバイイであるヴィルボンに引き継がれる。ACR A13, fºs 150 vº-152 rº, 19 août 1531. 都市民による門衛・夜警は中世末期以来、地区ごとに組織されていた。Lucien-René DELSALLE, *Rouen et les Rouennais au temps de Jeanne d'Arc 1400-1470*, Rouen, Editions du P'tit Normand, 1982, pp. 22-23.

（１４２）Ph BENEDICT, *Rouen during the Wars of Religion*, p. 32. なおベネディクトによれば、宗教戦争期にはバイイはバイイ府の裁判機能と切り離され、州総督によって更迭されたり空位期間があるなど名目的な職にすぎなくなるとされる。

（１４３）A. FLOQUET, *Histoire du Parlement*, tome 2, pp. 133-146.

（１４４）J. DEWALD, *The Formation of a Provincial Nobility*, p. 47. リーグ期およびナント王令発布後、ルーアンの高等法院と王権との対立があらわになる。

（１４５）ACR A13, f°s 31-32, 20 août 1528.

（１４６）ACR A19, f° 480, 7 juin 1578.

（１４７）この構成は一五九六年八月などに見られる。ACR A21, f° 189 v°, 30 août 1596.

（１４８）一五四四年に高等法院が都市参事会員の選出方法を変えるよう判決を出した際、都市参事会はこれに抵抗し、選出方法の維持と法曹官僚 gens de robbe longue の都市参事会員就任禁止を決議した。ACR A15, f°s 235 r°-236 r°, 11 août 1544. 五六年には選出方法が変更されているが、これに高等法院の指示があったのかどうかは都市参事会議事録から読み取れない。このときに国王官僚 ayans offices royalz の都市参事会員就任禁止が確認されている。ACR A17, f°s 72 r°-76 v°, 5 juillet 1556.

（１４９）都市参事会員選出に高等法院が介入した例として、一五三二年に選出されたジャック・ル・リユール Jacques le Lieur sr de Bresmetot と、そのほかの都市参事会員らが選出方法をめぐって対立した際に、訴訟がバイイ府から高等法院に上告された例がある。ACR A13, f°s 182 v°-183 v°, 16 juillet 1532. 一五六二年にはユグノー蜂起の最中に都市参事会員改選の期日を迎え、都市参事会員がすべてユグノーで占められたため、蜂起鎮圧後、高等法院が選挙のやり直しを命じた。ACR A18, f°s 1 r°-2 v°, 31 octobre 1562. フロケによれば、翌年にも国王が都市参事会員改選を命じた。A. FLOQUET, *Histoire du Parlement*, tome 2, pp. 547-549.

（２）都市財政

（１５０）A15, f°s 52 r° et 54 r°, 7 août 1542; f° 100 v°, 23 avril 1543.

(151) ACR A13, f° 16 v°, 18 mai 1528.

(152) 一五五九年のカトー・カンブレジ条約までの金額の要求のみを挙げる。一五一二年、一万リーヴル（ACR A10, f° 283 r°, 16 novembre 1512）、二〇年、一万リーヴル（ACR A11, f°s 298 v°-303 r°, 11 décembre 1520）、二二年、兵一千人分として一万八千リーヴル（ACR A12, f°s 49 r°-54 r°, 12 mars 1521 v.s.; f°s 55 v°-56 r°, 1er avril 1521 v.s.）、ただし同年九月には兵一千人分で二万四千リーヴルと記録されている（ACR A12, f°s 123 v°-128 r°, 17 septembre 1522）。二三年、兵一千人分（ACR A12, f^{os}144 v°-148 r°, 4 janvier 1522 v.s.）、二四年、当初五万リーヴル（ACR A12, f° 258 v°, 20 avril 1524）、都市参事会が減額を国王に願い出た後の再要求は二万五千リーヴル（ACR A12, f° 274 r°, 26 avril 1524; f° 292 r°, 1er juillet 1524）。二七年、一万リーヴル（ACR A12, f°s 434 r°-v^{o} et 439 r°, 6 juin 1527）。三六年と三七年、当初五万リーヴルで、都市参事会が交渉のすえ減額を認められる（ACR A14, f°s 116 r°-118 r°, 2 octobre 1536; f° 169 r°-v^{o}, 24 septembre 1537）。三八年、兵千五百人分（ACR A14, f° 210 r°.6 mai 1538）、四三年、四四年には当初、歩兵四千人分として九万六千リーヴル（ACR A15, f° 83 v°, 16 mars 1542 v.s.; f° 172 v°, 30 mars 1543 v.s.）、両年とも後には八万九千リーヴルに減額。四五年、五万九千リーヴルあまり（五万九三三三リーヴル一三ソル八ドニエ ACR A15, f° 284 v°, 31 août 1545）、四六年、四万八千リーヴル（ACR A15, f° 289 r°, 11 mars 1545 v.s.）、四七年、八万九千リーヴル（ACR A15, f° 297 r°-v^{o}, 12 mars 1546 v.s.）、四八年、八万五五〇〇リーヴル（ACR A15, f° 328 v°, 20 février 1547 v.s.）、五〇年、ルーアン・バイイ管区全体で三万二千リーヴル（ACR A16, f° 68 r°, 30 janvier 1549 v.s.）、五二年、バイイ管区全体で九万六千リーヴル（ACR A16, f°s 182 r°-184 r°, 26 janvier 1551 v.s.）、五三年、ルーアンに対して八万七千リーヴル（ACR A16, f° 245 r°-v^{o}, 4 janvier 1552 v.s.）、同年末と五四年末にバイイ管区全体で九万六千リーヴル（ACR A16, f° 326 r°, 9 décembre 1553; ACR A16, f°s 379 v°-380 r°, 30 décembre 1554）、五六年、当初八万六五〇〇リーヴル、後に五万一六八〇リーヴルに減額（ACR A16, f° 37 r°, 14 janvier 1555 v.s.）、五七年、五万一六八〇リーヴル（ACR A17, f° 115 v°, 2 janvier 1556 v.s.）、後に十万リーヴルが追加されたが、都市参事会は五万リーヴルしか応じなかった（ACR A17, f° 190 v°, 26 août 1557）。五七年末と五九年にも五万一六八〇リーヴル（ACR A17, f° 237 r°, 16 décembre 1557; ACR A17, f° 290 r°, 11 janvier 1558 v.s.）、カトー・カンブレジ条約締結を知らされた後、都市参事会は国王からすでに要求されているうち四万五六〇〇リーヴルの支払い免除を請願した（ACR A17, f° 306 v°, 14 avril 1559）。

(153) Ph. BENEDICT, *Rouen during the Wars of Religion*, pp. 155-159 によれば、アンリ二世は国王が課す葡萄酒や織物の間接

税も引き上げている。
(154) ACR A10, fº 142 vº, 10 janvier 1508 v.s.
(155) ACR A12, fº 439 rº, 6 juin 1527. 同年に課税品目として挙がっているのは、葡萄酒（酒屋売りのものと居酒屋売りのもの）、ビール、林檎酒、そのほかの酒類、鰊、羊毛。ACR A12, fº 433 rº-vº, 5 juin 1527.
(156) ACR A15, fºs 141 rº et 143 rº, 29 juillet 1543; fº 146 vº, 1er août 1543.
(157) ACR A16, fºs 51 rº et 52 vº, 13 janvier 1548 v.s.
(158) ACR A19, fº 47 rº, 4 octobre 1567.
(159) ACR A17, fºs 96 vº-97 vº, 7 octobre 1556.
(160) ACR A18, fº 301 rº-vº, 27 février 1565 v.s.
(161) ACR A18, fºs 309 rº-310 rº, 31 mars 1565 v.s.
(162) ACR A11, fºs 15 vº-16 rº, 8 avril 1516.
(163) ACR A15, fºs 312 vº-313 rº, 1er septembre 1547. このとき都市参事会が高等法院の助言を嫌ったのは、「四人の院長と多数の評定官がルーアン出身でもノルマンディ出身でもない」ためである。ディウォールドによれば、この頃（一五二九—一五八年）の高等法院官僚のうちルーアン出身者は半数に満たず、ノルマンディ出身者をあわせて七割強であった。J. DEWALD, *The Formation of a Provincial Nobility*, pp. 72-73.
(164) ACR A15, fº 314 rº, 21 octobre 1547.
(165) ACR A16, fº 159 vº, 9 juin 1551.
(166) ACR A17, fºs 77 vº-80 rº, 13 juillet 1556.
(167) ACR A19, fº 220 rº-vº, 4 décembre 1571.
(168) V. LEMONNIER-LESAGE, *Les arrêts de règlement*, p. 65.
(169) J. DEWALD, *The Formation of a Provincial Nobility*, p. 57.
(170) 一五二一年に国王がルーアン市内と近郊区までの間接税徴収と引きかえに兵千人分を要求したのに対して都市参事会が反発すると、国王は高等法院首席院長を通じて重ねて勅書で要求した。ACR A12, fºs 49 rº et 54 rº, 12 mars 1521 v.s.; fºs 55

v^{o}-56 r°, 1er avril 1521 v.s. 一五五一年に国王は高等法院院長たちに、都市参事会で市債発行状況を把握し、歩兵分の負担のためにさらに市債を発行させるよう勅書で指示した。ACR A16, f° 134 r°-v^{o}, 2 janvier 1550 v.s. 五七年にはルーアンに五万リーヴルを要求すると引き替えに葡萄酒や塩の間接税徴収を確認する勅書を高等法院院長に送って、都市参事会で読み上げさせた。ACR A17, f° 218 r°-v^{o}, 12 septembre 1557. 都市参事会は五八年に、国王にルーアンを通過する葡萄酒の関税増額を、高等法院の国王弁護士を通じて要請するかどうか議論している。ACR A17, f° 253 r°, 3 mars 1557 v.s. 六五年に国王が橋の再建の財源として関税の徴収を認める勅書を出すと、都市参事会はこれを高等法院に提出して告示した後、租税法院とバイイにも提出するとしている。ACR A18, f° 238 r°-v^{o}. 日付の記載なし。前後から一五六五年八月九日から十二日までの間と考えられる。

（171）G. K. BRUNELLE, *The New World Merchants of Rouen*, pp. 94-95.

（3）治安行政

（172）ACR A9, f°s 213 r° et 216 r°, 20 novembre 1496.

（173）ACR A9, f° 318 r°, 13 octobre 1499.

（174）ACR A10,f°s 227 v°-231 r°, 14 novembre 1511.

（175）ACR A10, f°s 286 v°-287 r°, 30 novembre 1512; ADSM 1B82, 15 novembre 1512; *Ordonnances de 1519 sur le fait de la chose publique à Rouen publiées avec introduction* par le Dr G. PANEL, (Société rouennaise de bibliophiles), Rouen, Imprimerie Albert Laine, 1925. 最後の治安令（高等法院による一五一九年八月四日の治安令、刊行済み）は司祭が遺体を埋葬してよい時間を定め、また教区でペストに罹った住民を週ごとに届け出るよう命じてもいる。なおこの高等法院判決は一五一二年の判決を踏襲している。一五二一年にも高等法院がオテル・デュー施療院での患者の扱いについての命令を都市参事会に伝え、都市参事会では国王役人が施療院を訪問すべきとした。ACR A12, f°s 10 v° et 15 r°, 21 mai 1521.

（176）ACR A12, f° 343 v°, 14 mars 1524 v.s.; ADSM G2152, f°s 131 v°-132 r°, 1er et 3 avril 1524 v.s.

（177）ACR A13, f°s 202 v°-203 r°, 29 novembre 1533.

（178）ACR A13, f°s 248 v°-256 v°, 2 décembre 1534. 一五三六年にも都市参事会は財源不足を訴えながら、冬に向けて貧民たちに新しい仕事を与えなければならないとしている。ACR A14, f°s 118 v°-119 r° et 121 v°, 7 novembre 1536.

（179）ACR A17, f° 135 r°, 27 février 1556 v.s.

（180）ACR A15, f°s 71 r°-72 r°, 19 décembre 1542. 救貧会計官に選ばれた者については職業が記録されていない。施物係には手工業者などがおり、このとき選ばれてクリスマス付で就任した中には、毛織者業者一人、染色業者一人が含まれる。なお一五三五年に、聖堂参事会が救貧のために高等法院から三百リーヴルの寄付を求められ、寄付金を救貧収入役に in manibz Receptoris g'nalis dictor' pauperum 支払うとしているが、この役職については不明。ADSM G2154, f° 276 v°, 3 mars 1534 v.s. 次の改選は ACR A15, f° 137 r°-138 v°, 27 juin 1543. この選出について、四五年に都市参事会で選出された救貧会計官の離任を認めるかどうかが議題となった際には、高等法院代表が立ち合っている。ACR A15, f° 277 r°-v°, 18 mai 1545. 五四年には救貧会計官二人が辞職を願い出たのに対して、高等法院院長がそれを不許可とした。このとき二人が辞職を願い出た理由はこの職の金銭的負担の重さで、救貧会計官の一人デフォルジュは百エキュ出したとしている。ACR A16, f° 338 v°, 11 février 1553 v.s.

（181）ACR A15, f° 166 v°, 23 février 1543 v.s.; A. FLOQUET, *Histoire du Parlement*, tome 2, p. 104.

（182）ADSM 1B490, 18 juillet 1544.

（183）ACR A16, f° 172 r°, 12 janvier 1551 v.s.; f° 178 r°-v°, 14 janvier 1551 v.s.; f° 180 r°-v°, 25 janvier 1551 v.s. なお日当の額は都市参事会で決定され、一五二五年には男一人あたり二ソルであった。ACR A12, f° 343 v°, 14 mars 1524 v.s. 五七年に都市参事会は日当を男一人あたり二十ドニエ、女十二ドニエ、子供六ドニエとし、財源にするため都市参事会員が名士の家を回って寄付を要請し、地区長は各地区で寄付の意志がある者を参事会に知らせるべきとした。都市参事会は続いて市城内・郊外区・近郊区の健康な貧民をすべて四か所の仕事場に受け入れ、名簿を作ることを計画した。ACR A17, fos 132 v°-133 v°, 18 février 1556 v.s.; f° 135 r°, 27 février 1556 v.s. その結果、貧民の数は八千ないし九千にのぼり、日当は男十六ドニエ、女十ドニエに減額された。ACR A17, f° 136 v°, 6 mars 1556 v.s. 都市参事会の記録によれば、この救済策は財源不足に悩まされながら少なくとも同年の「聖ヨハネ祭まで」続く。ACR A17, f°s 168 v°-169 r°, 14 juillet (sic) 1557（日付は「六月」の誤記と考えられる）.

（184）ACR A16, f°s 359-360, 29 juin 1554.

（185）この役職の設置についても高等法院が勅書を都市参事会に伝えた。都市参事会は高等法院評定官、聖堂参事会員、都市参事会員経験者各一人を救貧監督官に選出した。ACR A17, f°s 2 r°-4 v°, 23 juin 1555. 一五七八年に都市参事会は、高等法院からの委任官、聖堂参事会代表、施療院の養護官 gouverneurs、監督官の立ち合いで、この養護官と監督官を二年任期で選出するとしている。ACR A20, f° 17 r°, 30 décembre 1578.

（186）ACR A17, f°s 64 v°-65 r°, 12 mai 1556.

（187）ACR A20, f° 69 v°, 17 novembre 1580; f° 76, 23 mai 1581; f° 90, 22 septembre 1581; f° 124 r°, 14 juillet 1582. 一五八二年七月に予算が千エキュに増額となる。

（188）ACR A19, f° 18 r°-v^{o}, 30 septembre 1566.

（189）ACR A19, f°s 41 v°-43 r°, 30 septembre 1567.

（190）ACR A19, f° 169 r°-v^{o}, 27 septembre 1569.

（191）ACR A19, f°s 224 r°-225 r°, 4 et 18 mars 1572.

（192）ACR A19, f° 258, 17 novembre 1572. このとき選出された治安監視係のうち一人は弁護士、名士の一人は穀物倉庫監督官 grenetier であった。治安監視係、名士とも、弁護士など法曹家がしばしば選ばれており、また治安監視係には商人・手工業者が選ばれることがある。

（193）ACR A20, f° 126 r°-v^{o}, 17 juillet 1582.

（194）ACR A9, f°s 347 v°-348 v°, 29 décembre 1500.

（195）ACR A10, f°s 187 v°-188 r°, 15 octobre 1510.

（196）ACR A10, f°s 226 v°-227 r°, 5 novembre 1511.

（197）ACR A10, f°s 227 v°-231 r°, 14 novembre 1511. これには市内を流れるルネル川へのごみ捨て禁止も含まれる。一般的な命令かもしれないが、ルネル川沿いに革なめし業者が多かったことを付け加えておく。

（198）*Ordonnances de 1519*.

（199）ACR A13, f°s 255 r°-256 v°, 2 décembre 1534. 一五三七年にも、疫病対策のための都市参事会で、高等法院の二人の院長が出席して、屠殺場の指定、染色業者の規制が取り上げられた。ACR A14, f°s 18 v°-192 r°, 1er, 3 et 5 décembre 1537.

（200）ACR A10, f° 64 v°, 20 mai 1507; f° 65 r°-v^{o}, 24 mai 1507. 高等法院から都市参事会への同様の指示は一五一〇年にも出されている。ACR A10, f° 165 r°, 24 janvier 1509 v.s.; f° 168 r°, 21 février 1509 v.s.

（201）ACR A11, f° 30 r°-v^{o}, 7 mai 1516.

（202）ACR A16, f° 156 r°-v^{o}, 12 mai 1551.

（203）ACR A18, f° 259 v°, 10 octobre 1565.

（204）V. LEMONNIER-LESAGE, *Les arrêts de règlement*, p. 124.

（205）D. LEOST, "Les métiers rouennais au lendemain de la reconquête française". 都市参事会で組合規約などをめぐって最も頻繁に議題になったのは毛織物業である。ルーアン市内においては水車縮絨が禁止され、使用できる染料の種類も限られていたのに対して、近郊のダルネタルなどでは規制が緩やかだったので、市内の職布業者 drapier drapant は規制の徹底と、ルーアンの市場におけるダルネタル製品との区別などを要求した。しかし、一四九七年にすでに訴えの根拠としてノルマンディ最高法院の判決が引き合いに出されており（ACR A9, f°s 243 v°-244 r°, 12 novembre 1497）、一五二五年には都市参事会が高等法院に決定を委ねた。ACR A12, f°s 327 r°-328 v°, 21 janvier 1524 v.s. 水車縮絨などをめぐる議論は、都市参事会で一五九五年まで続く。このときにも高等法院の判決が参照されている。ACR A21, f°s 142 r°-143 r°, 28 octobre 1595.

（4）都市防衛

（206）デルサルによれば、弩隊の創設はフィリップ・オーギュスト時代に遡る。L.-R. DELSALLE, *Rouen et les Rouennais au temps de Jeanne d'Arc*, pp. 23-24. 王令集で確認できた起源は "Privilège des Arbalestriers de la Ville de Paris", au Louvre lès Paris, le 9 août 1359, *Ordonnance*, 3, pp. 360-362 で、パリと同様の組織がルーアンにも設置された。ルーアンの五十人隊の特権について、隊員は葡萄酒一クー queue につき十五ソルの間接税を十クーまで免除されており、この特権を居酒屋に年七リーヴル十ソルで売り渡すことができた。ACR A11, f°s 282 r°-283 r°, 10 août 1520; ACR A12, f°s 41 r° et 44 r°, 5 mars 1521 v.s.

（207）L.-R. DELSALLE, *Rouen et les Rouennais au temps de Jeanne d'Arc*, p 22-23. 橋門については一五二五年に、聖イレールを除く三地区が門衛を出すとされたが、これが恒常的かどうかは不明。ACR A12, f° 345 v°, 15 mars 1524 v.s.

（208）市城整備に囚人を使うという議論は、一五一三年と二一年に見られる。ACR A10, f° 307 r°, 30 août 1513; ACR A12, f° 55, 31 mars 1521 v.s. 一五六七年にはバイイの指示で都市参事会が教区に人夫を割り当てるとした。ACR A19, f°s 56 r°-58 r°, 13 octobre 1567. そのほかの場合はしばしば救貧政策の一環として健康な valide 貧民を使役した。

（209）ブレゼの称号は ACR A10, f° 261 r°, 26 juin 1512（括弧内は筆者による）、都市防衛隊長職の引き継ぎについては ACR

A13, f°s 150 v°-152 r°, 19 août 1531. 都市当局は都市防衛隊長でもあるブレゼに、一五一六年に一千リーヴルの報酬を支払った。ACR A11, f° 19 r°, 8 avril 1516.

（２１０）例えばカルージュが第二次宗教戦争期の一五六八年に出した、都市防衛に関する命令には、ユグノーの武装解除、門衛や夜警の強化、和解王令が出された後の駐留軍の解散がある。ACR A19, f° 80 r°-v^{o}, 1er janvier 1568; f°s 85 r°-86 r°, 21 janvier 1568; f°s 102 v°-103 r°, 27 avril 1568. カルージュについては、Ph. BENEDICT, *Rouen during the Wars of Religion*, pp. 114-117.

（２１１）ACR A12, f° 224 r°-v^{o}, 18 septembre 1523; ACR A19, f° 185 v°, 17 juillet 1570; ACR A20, f° 401 r°, 14 janvier 1589.

（２１２）ACR A12, f°s 334 r°-335 v°, 10 mars 1524 v.s.

（２１３）ACR A 15, f° 197 v°, 8 juin, 1544; f° 202 v°, 11 juin 1544; f° 204 r°, 15 juin 1544; ACR A16, f°s 234 v°-235 r°, 10 novembre 1552; f°s 235 r°-236 v°, 23 novembre 1552; f° 294 r°, 27 juillet 1553; ACR A17, f°s 165 v°-167 r°, 9 juin 1557; fos 254 r°-255 r°, 3 mars 1557 v.s.

（２１４）ACR A17, f° 258 r°-v^{o}, 2 mai 1558. これはルーアンの都市参事会が、都市防衛団体を市外に派遣することを積極的に検討した、十六世紀をつうじて唯一の例である。

（２１５）ACR A17, f°s 264 r°-265 r°, 14 mai 1558.

（２１６）ACR A16, f° 235 r°, 10 novembre 1552; ACR A17, f° 166 r°, 9 juin 1557.

（２１７）ACR A18, f°s 8 v°-9 v°, 7 novembre 1562.

（２１８）引用は ADSM 1B593, 26 mai 1563.

（２１９）ACR A23, f°s 27 r°-28 v°, 17 octobre 1615.

（２２０）ACR A17, f°s 327 v°-328 r°, 22 juin 1559; f° 331 r°, 1er juillet 1559.

（２２１）ADSM 1B719, 30 juillet 1596.

（２２２）アンボワーズ王令については ACR A18, f°s 68 r°-69 r°, 29 avril 1563. ルーアン王令については ACR A18, f° 127 r°-v^{o}, 26 octobre 1563. アンボワーズ王令は、第一次宗教戦争の和解王令として全国的な武装解除を命じたものである。

（２２３）ACR A18, f°s 128 r°-129 r°, 30 octobre 1563.

（２２４）ACR A18, f°s 172 r°-175 v°, 1er juillet 1564.

（２２５）ACR A19, f°s 41 v°-43 r°, 30 septembre 1567.

（２２６）ACR A21, f° 218, 24 janvier 1597. この要塞は一五六四年にも取り壊しを命じられ、リーグ制圧期には整備が必要とされた。ACR A18, f° 201 r°-v^{o}, 4 septembre 1564; ACR A20, f° 431, 28 février 1590.

（２２７）ADSM 1B710, 3 novembre 1594（火縄銃隊）; 4 novembre 1594（五十人隊）.

（２２８）ACR A21, f° 219 v°, 3 février 1597; f° 220 r°-v^{o}, 12 février 1597; f° 222 r°, 20 mars 1597.

（２２９）ACR A12, f° 353 r°, 21 ou 22 mars 1524 v.s. 必要とされた武器の量は大砲の他に、銃一千から一千二百丁、槍 pique 八千から一万本、矛槍 hallebarde 三千、甲冑 harnoys 数不明。

（２３０）ACR A14, f°s 140 v°-141 r°, 2 mai 1537. これは国王から都市参事会に、国王軍が征服したばかりの都市サン・ポールに、大砲十門と弾薬を送るようにと命令があった際に出てきた不満である。いつ以来を数えて、二十七ないし二十八門としたのかは不明。都市参事会が国王に大砲を要求された例として、一五一三年に国王は、ルーアンの大砲を四門、国王の砲兵長 maistre de lartillerye に引き渡すよう命じた。ACR A10, f° 292 r°, 7 février 1512 v.s. 一五二一年から翌年にかけても何度かにわたって大砲の供出を命じた。ACR A12, f°s 21 v°-23 v°, 6 septembre 1521; f°s 24 v°-26 r°, 27 septembre 1521; f°s 27 v°-28 r°, 4 octobre 1521, f°s 69 r° et 73 r°, 18 avril 1521 v.s. 一五二八年にはグラン・セネシャルから、一五三六年には国王から州総督ラ・ミユレーを通じて、ルーアンに大砲の要求があり、都市参事会はいずれの要求も取り下げてもらうとしたが、三六年の要求については最終的に応じた。ACR A13, f° 33 r°-v^{o}, 1er septembre 1528; ACR A14, f° 57 r°, 9 août 1536; ACR A14, f°s 103 r°-v^{o} et 107 r°, 18 septembre 1536. 一五三七年にはノルマンディ州総督である王太子が、上述のサン・ポールの件とは別に、ピカルディの国王軍に大砲四門を供出するよう指示し、都市参事会はこれにも要求を取り下げてもらうとした。ACR A14, f°s 146 r°-147 v°, 29 juin 1537. 大砲の要求はこの後も続く。一五三九年には国王が、ル・アーヴルのガレー船に大砲を供出するよう要求し、都市参事会はキャノン砲とカルヴァリン砲各一門などを届けるとした。ACR A14, f° 310 r°, 5 novembre 1539. 一五四三年にも国王はラ・ミユレーをつうじてキャノン砲など九門を要求した。ACR A15, f° 154 v°, 30 septembre 1543. それでも都市には大砲が残っており、一五五九年のカトー・カンブレジ条約を祝う際に、十二門の大砲で祝砲を打ったとされる。ACR A17, f° 305 v°, 10 avril 1559.

（２３１）ACR A15, f° 280 r°-v^{o}, 18 juin 1545.

（２３２）ACR A18, f°s 10 v°-11 r°, 9 novembre 1562; f°s 29 v°-30 v°, 23 décembre 1562. フロケによれば宗教戦争勃発前の一五六〇年に、宗教対立が激化したため、国王によってヴィエイユヴィル将軍 maréchal de Vieilleville と三百人の軍隊がルーアンに派遣された。 A. FLOQUET, *Histoire du Parlement*, tome 2, pp. 322-330.

（２３３）ACR A18, f° 96 v°, 22 juillet 1563; f°s 128 r°-129 r°, 30 octobre 1563; f° 147 r°-v^{o}, 2 mars 1563 v.s.; f° 150 r°-v^{o}, 7 mars 1563 v.s.; ACR A19, f° 42 r°, 30 septembre 1567; f° 48 v°, 9 octobre 1567; ADSM G2168, f° 72, 12 novembre 1567; ACR A19, f° 70 r°, 13 novembre 1567; f°s 102 v°-103 r°, 27 avril 1568; f°s 112 r°-113 v°, 29 mai 1568; f° 221 r°-v^{o}, 24 décembre 1571.

（２３４）ルーアンのユグノーとイングランドの関係については、 Ph. BENEDICT, *Rouen during the Wars of Religion*, p. 100. モンゴムリについては、 A. FLOQUET, *Histoire du Parlement*, tome 2, pp. 435-436.

（２３５）ヴィヤールについては、A. FLOQUET, *Histoire du Parlement*, tome 3, pp. 361-384; Ph. BENEDICT, *Rouen during the Wars of Religion*, p. 216. リーグ制圧期に都市参事会で駐留軍が議題になったのは、 ACR A21, f° 30 r°-v^{o}, 5 décembre 1591; f°s 73 v°-75 r°, 25 janvier 1593.

（２３６）ACR A18, f° 23 r°, 1er décembre 1562.

（２３７）ACR A18, f°s 54 v°-55 r°, 6 avril 1562 v.s.

（２３８）ACR A19, f° 42 r°, 30 septembre 1567.

（２３９）ベネディクトによれば、都市防衛の担い手は下級官吏や商人・手工業者などで、しばしば義務を放棄したり、かえって暴動に荷担し、戦闘でも秩序維持でも十分に義務を果たさなかったとされる。 Ph. BENEDICT, *Rouen during the Wars of Religion*, pp. 42-43.

（２４０）ACR A19, f°s 241 v°-244 r°, 25 septembre 1572.

（２４１）ACR A19, f°s 245 v°-246 r°, 8 octobre 1572.

（２４２）ACR A19, f° 387, 3 octobre 1575.

（２４３）J.-P. BARDET, *Rouen aux XVIIe et XVIIIe siècles*, pp. 141-142.

（２４４）ACR A10, f° 251 r°, 24 mars 1511 v.s.

（２４５）ACR A12, f°s 289 r°-292 r°, 17 et 24 juin 1524.

（246）ACR A12, fos 334 ro-335 vo, 10 mars 1524 v.s.

（247）ACR A12, fos 346 vo-347 ro, 16 mars 1524 v.s.; fo 360 ro-vo, 29 mars 1524 v.s.; fo 361 ro-vo, 3 avril 1524 v.s.; fo 369 ro, 23 avril 1525; fo 370 vo, 2 mai 1525.

（248）一五三二年の王太子の入市式の記録は ACR A13, "les entrees de la reyne et de monseigneur daulphin lieutenant general du roy et gouuerneur en ce pays de Normandie faictes a Rouen en lan mil cinq centz trente et vng". 一五五〇年の国王入市式に参加した火縄銃手の数について、都市参事会史料では百五十ないし二百人、出版記録では三百人。ACR A16, fo 110 vo, 1er octobre 1550; *Entrée à Rouen du Roi Henri II et de la reine Catherine de Médicis en 1550, Advertissement* par J. FELIX (Société rouennaise de Bibliophiles), Rouen, Imprimerie de Esperance Cagniard, 1885 (édition originale, 1551).

（249）ACR A17, fos 231 ro-232 ro, 27 novembre 1557 によれば、火縄銃隊は一五五〇年十月に勅許を得たとされる。この年の十月一日に国王入市式がおこなわれた。

（250）ACR A18, fo 222 ro, 25 janvier 1564 v.s.; fos 330 vo-332 ro, 28 juin 1566.

（251）火縄銃隊の規約については ACR A21, fos 374 vo-375 vo, 25 novembre 1600.

（252）ACR A18, fos 8 vo-9 vo, 7 novembre 1562; fos 11 ro-12 vo, 15 novembre 1562; fos 13 ro-14 vo, 16 novembre 1562; fo 15 vo, 18 novembre 1562; fos 16 vo-17 vo, 21 novembre 1562. 十八日の記録によれば、一五六二年に選ばれた地区ごとの隊長は、貴族の称号を持つ者、塩倉庫管理人、「ブルジョワ」と、特に称号のない者が一人。

（253）ACR A19, fo 44 ro, 1er octobre 1567; fos 124 ro-125 ro, 31 juillet 1568 では十四人、ACR A19, fo 106 ro, 13 mai 1568; ACR A19, fo 344 vo, 17 avril 1574 では十二人。

（254）ACR A19, fo 259 ro-vo, 29 novembre 1572; fos 263 vo-264 ro, 30 décembre 1572.

（255）*Ordonnances de 1519*, pp. 2-3.

（256）ACR A14, fos 53 vo et 56 vo-57 ro, 1er août 1536; fo 59 ro-vo, 9 août 1536; fo 92 ro-vo, 26 août 1536. なお、一五五〇年代にも同様の調査が都市参事会の議題になっているが、これらの調査がより多くの武器を備蓄する目的か、都市民の武装を制限する目的かは明言できない。ACR A16, fo 236 vo, 23 novembre 1552; fo 294 ro, 27 juillet 1553; ACR A17, fos 165 vo-167 ro, 9 juin 1557.

（257）ACR A18, fos 13 ro-14 ro, 16 novembre 1562.

(258) ACR A18, f° 20 v°, 25 novembre 1562.

(259) ACR A18, f° 41 r°-v^{o}, 21 janvier 1562 v.s.

(260) ACR A18, f°s 172 r°-175 v°, 1er juillet 1564.

(261) ACR A12, f° 347 r°, 16 mars 1524 v.s.

(262) ADSM G2166, f° 68 r°, 28 août 1563.

(263) ADSM G2171, f° 11 v°, 13 janvier 1575.

(264) 特権を持つ者の免除についてはACR A16, f° 249 v°, 11 janvier 1552 v.s.　都市参事会員についてはACR A16, f° 294 r°, 27 juillet 1553.　都市参事会は市内に住む医者についても本人が門衛・夜警にあたる義務を免除するかどうか検討している。ACR A16, f°s 242 v°-243 r°, 26 décembre 1552.

(265) ACR A12, f° 224 r°, 18 septembre 1523; f° 343 r°, 14 mars 1524 v.s.; ACR A16, f° 235 r°, 10 novembre 1552; f° 294 r°, 27 juillet 1553; ACR A17, f° 264 v°, 14 mai 1558; ACR A19, f° 108 r°, 13 mai 1568.

(266) ACR A18, f° 12 r°, 15 novembre 1562.

(267) ACR A19, f° 263 v°, 30 décembre 1572.　このときに隊長候補として指名された十六人のうち、職業や称号が記録されている者は、他に代訴人・弁護士各一人、商人四人、債権保有者一人、両替商一人、毛織物業者一人、羊毛商人一人。

(268) ACR A19, f° 377 v°, 16 juillet 1575.

(269) 一五六三年に都市参事会は、ブルジョワのとりわけ裕福な人物と、未亡人・未成年者に対して防衛費用を負担させるかどうか検討した。ACR A18, f° 44 r°, 16 fevrier 1562 v.s.　一五七六年に都市参事会は、自ら門衛に行かないブルジョワと住民に罰金を科すと確認し、また高齢などのために義務を果たせない者には、本人の責任でしかるべき代理人を立てるよう命じた。ACR A19, f° 423 v°, 28 octobre 1576.

(270) ACR A19, f°s 171 v°-172 r°, 3 novembre 1569.

(271) ADSM 1B714, 26 juillet 1595.

（272）ACR A12, fº 434 rº, 6 juin 1527.

（273）ACR A18, f º 172 vo, 1er juillet 1564.

（274）引用は、ACR A13, fº 249 rº-vº, 2 décembre 1534. 市内出身者のみを救済し、市外出身の浮浪者を市外に追放するとの規定は、高等法院判決にもみられる。例えば、ADSM 1B714, 17 juillet 1595; 1B902, 13 mai 1622. なお一六二二年の別の高等法院判決では、キーユブーフ城砦の取り壊しのため、出身地を問わず tant forains estrangers que natifs de cestedicte ville 市内で見つかった健康な貧民をキーユブーフに送るとしている。ADSM 1B900, 7 mars 1622.

（275）官僚について、高等法院官僚のうち市内出身者は十六世紀後半まで半数に達しなかった。J. DEWALD, *The Formation of a Provincial Nobility*, pp. 54-57, 72-73.

第三章　都市祝祭

1　都市祝祭の概要

（一）祝祭の種別と主導機関

（276）信心会については、Catherine VINCENT, *Des charités bien ordonnées. Les confréries normandes de la fin du XIIIe siècle au début du XVIe siècle*, Paris, Ecole Normale Supérieure, 1988. ルーアンの信心会は同業組合を母体とすることが多く、近世には親方の相互扶助組織か、文芸団体のような組織が目立つ。

（277）ACR A11, f°s 183 rº et 185 rº, 7 août 1518（聖職者などが臨時に出席した都市参事会で、高等法院評定官が提案）; ACR A11, f°s 294 rº et 298 rº, 26 novembre 1520（高等法院の指示を受けて決議）.

（278）Philip BENEDICT, *Rouen during the Wars of Religion*, pp. 1-8.

（二）史料

（279）ACR A12, fº 370 vº, 2 mai 1525.

2　入市式

（1）入市式の概要

（280）スコットランド王太后（ジェイムズ五世妃でメアリ・ステュアート女王の母）の入市式が一五五〇年九月二十五日におこなわれた。高等法院はこれに際して高等法院と都市参事会員・ブルジョワなどが出迎えたと記録しており、聖堂参事会も大聖堂に彼女を迎えて祈禱などをおこなったと記録している。ADSM 1B91, f°s 65 r°-66 r°, 25 septembre 1550; ADSM G2160, f° 281 r°, 25 septembre 1550. この入市式については、直後の十月一日におこなわれたアンリ二世の入市式の出版記録 *Entrée à Rouen du Roi Henri II et de la reine Catherine de Médicis en 1550, Advertissement* par J. FELIX (Société rouennaise de Bibliophiles), Rouen, Imprimerie de Esperance Cagniard, 1885 (édition originale, 1551) にも記述がある。

（281）フランス大法官で教皇特使でもあったデュプラ Antoine Duprat, monseigneur le reuerendissime legat chancelier de france arche'de Sens の入市式が一五三二年一月二十五日または二十六日におこなわれた。ADSM G2154, f° 45 r°-v^{o}, 25 janvier 1531 v.s.; ACR A13, f°s 164 v°-165 r°, 26 janvier 1531 v.s.

（2）諸機関による出迎え

（282）ACR A10, f°s 125 r°-126 v°, 29 septembre 1508. また Bernard GUENEE et Françoise LEHOUX, *Les entrées royales françaises de 1328 à 1515*, Paris, CNRS, 1968 には、一四四九年のシャルル七世と一四八五年のシャルル八世の入市式の記録がある。このうちシャルル七世の入市式では国王を市外に迎えに出た者について「三百から四百人のブルジョワ」とのみ記録されている (pp. 160-162)。シャルル八世の入市式に関する印刷記録は、ピネルの独創的な詩や活人画などが中心で (pp. 241-265)、この入市式に関しては以下の研究がある。Joël BLANCHARD, "Le spectacle du rite: les entrées royales", *Revue historique*, 627 (CCCV/3), 2003, pp. 475-519.

（283）ACR A11, f°s 115 r°-117 v°, 2 août 1517. この入市式に関する研究として Penny RICHARDS, "Rouen and the Golden Age: the Entry of Francis I, 2 August 1517", in: Christopher ALLMAND (ed.), *Power, Culture, and Religion in France c. 1350-c. 1550*,

Woodbridge, U. K., Boydell, 1989, pp. 117-130. なお記録されている行程では橋門から大聖堂まで最短距離をとらずに、聖ウーアン修道院のほうへ迂回している。

（284）ACR A9, f° 29 r°, 22 février 1491 v.s.

（285）ACR A9, f°s 32 v°-33 v°, 6 mars 1491 v.s.

（286）ACR A9, f°s 155 v°-156 r°, 20 septembre 1494. なお大司教はこの日は聖ウーアンにとどまり、翌日大聖堂に入ってミサをおこなった。

（287）ACR A9, f° 152 v°, 14 septembre 1494.

（288）ACR A10, f°s 316 v°-318 v°, 13 et 15 décembre 1513 に新しい大司教の到着 venue entree についての記録がある。

（3）パレードの規模拡大

（289）ACR A12, f°s 421 r°-422 v°, 27 septembre 1526.

（290）ACR A13, "Les entrees de la reyne et de monseigneur daulphin lieutenant general du roy et gouuerneur en ce pays de Normandie faictes a Rouen en lan mil centz trente et vng". なおこの記録では王太子の入市式の日付が「一五三一年九月四日日曜日」と記載されているが、都市参事会議事録では一五三二年一月二十八日に事前準備の議論をおこなっている。ACR A13, f° 165 r°-v^{o}, 28 janvier 1531 v.s. また聖堂参事会議事録ではこの日付を「十二月四日日曜日 die dnica quarta dicti mens decembris」としているが、前後の記録の日付から二月四日であるようだ。ADSM G2154, f° 47 v°. この註の最初に挙げた印刷冊子は *Les Entrées de Eléonore d'Autriche Reine de France et du Dauphin fils de François I dans la ville de Rouen, au mois de février 1531 (1532 suivant la supputation actuelle), réimprimé d'après un opuscule rarissme de l'époque et accompagné de préliminaires historiques* par André POTTIER (Société rouennaise de Bibliophiles), Rouen, Imprimerie de Henri Boissel, 1866 として再版されている。

（291）ACR A16, f°s 110 ro-114 r°, 1er octobre 1550.

（292）*Entrée à Rouen du Roi Henri II et de la reine Catherine de Médicis en 1550*. この入市式に関しては、Ph. BENEDICT, *Rouen during the Wars of Religion*, pp. 1-9; Michael WINTROUB, "L'ordre du rituel et l'ordre des choses: l'entrée royale d'Henri II à Rouen (1550)", *Annales. Histoire, Sciences Sociales*, 56-2, 2001, pp. 479-505.

（２９３）ADSM 1B91, f° 75 v°, 1er octobre 1550.
（２９４）ADSM G2160, f° 283 r°, 1er octobre 1550.
（２９５）ACR A16, f° 78 r°, 12 juin 1550.
（２９６）ACR A16, f°s 95 v°-96 r°, 19 juillet 1550.
（２９７）ACR A16, f° 97 v°, 11 août 1550.
（２９８）L. M. BRYANT, *The King and the City in the Parisian Royal Entry Ceremony*, p. 53.

（４）パレードの小規模化

（２９９）ACR A16, f° 200 r°-v^{o}, 7 avril 1551 v.s.
（３００）ACR A16, f° 201 r°-v^{o}, 12 avril 1551 v.s. なお、聖堂参事会もまた大司教の到着を伝えている。ADSM G2161, f° 52 r°, 12 avril 1551 v.s.
（３０１）ACR A17, f° 190 v°, 26 août 1557; f°s 194 v°-199 r°, 28 août 1557; f°s 202 v°-203 r°, 30 août 1557.
（３０２）ADSM G2164, f° 9 r°, 15 novembre 1559. 都市参事会は一五八三年の州総督ジョワユーズ公の入市式に先立ち、前例としてブーイヨン公の入市式に言及している。ACR A20, f° 166 v°, 11 mars 1583. またブーイヨン公は一五六六年に市庁舎を訪問し、都市参事会から公夫人に砂糖菓子を贈られた。ACR A18, f° 299, 11 février 1565 v.s.
（３０３）ADSM G2165, 1er novembre 1562.
（３０４）ACR A18, f°s 1 r°-2 v°, 31 octobre 1562; f°s 2 v°-3 v°, 2 novembre 1562. 都市参事会議事録はA17が一五五九年に終了した後、A18がここで再開されるまで欠落している。
（３０５）ACR A18, f° 104 r°, 4 août 1563.
（３０６）ACR A18, f° 106 r°-v^{o}, 5 août 1563.
（３０７）ACR A18, f° 107 r°-v^{o}, 6 août 1563.
（３０８）ADSM G2166, f° 59 v°, 12 août 1563.
（３０９）ACR A18, f°s 107 v°-108 v°, 14 août 1563.

（３１０）ACR A 18, f° 104 r°, 4 août 1563.

（３１１）A. FLOQUET, *Histoire du Parlement*, tome 2, pp. 561-563.

（３１２）ACR A19, f° 482 v°, 16 juin 1578. 後宴は「翌日」すなわち六月十七日におこなわれたようである。なお、この行幸に際して都市参事会では、国王が都市に対して要求した五万リーヴルについて何らかの請願をしようとしていたが、国王と交渉できたかどうかは不明である。この五万リーヴルという要求額は、十六世紀の歴代の国王がルーアンに要求した軍事費などに較べて大きいものではなく、入市式の挙行の是非に関わる問題とは言えない。

（３１３）ACR A20, f°s 166 v°-167 v°, 11 mars 1583.

（３１４）ACR A20, f°s 169 r°-170 v°, 25 mars 1583.

（３１５）ACR A20, f°s 170 v°-171 r°, 27 mars 1583.

（３１６）ACR A20, f° 171 r°-v^{o}, 28 mars 1583.

（３１７）ACR A20, f° 171 v°, 29 mars 1583.

（３１８）ACR A20, f°s 365 v°-367 r°, 3 mai 1588.

（３１９）ACR A20, f° 368 r°, 6 mai 1588.

（３２０）ACR A20, f° 368 r°, 11 mai 1588.

（３２１）*Sejour de Henri III à Rouen aux mois de juin et de juillet 1588. Recueil d'opuscules rares et de documents inédits avec introduction et notes* par Ch. ROBILLARD DE BEAUREPAIRE, (Société des bibliophiles Normandes), Rouen, Imprimerie de Henri Boissel, 1870; Ph. BENEDICT, *Rouen during the Wars of Religion*, pp. 174-175.

（３２２）ACR A20, f°s 404 v°-405 r°, 7 février 1589.

（３２３）ACR A21, f° 98 r°-v^{o}, 30 mars 1594.

（５）最後の国王入市式

（３２４）ACR A21, f°s 189 v°-190 v°, 30 août 1596. この日の都市参事会議事録には、八月二十六日付の国王からモンパンシエ公宛ての書簡の写しが記載されている。都市参事会はその前日にモンパンシエ公から国王行幸の情報を受け取っていた。ACR

A20, f° 188 v°, 29 août 1596.

（３２５）ADSM 1B720, 26 septembre 1596; ACR A21, f°s 198 v°-200 r°, 27 septembre 1596 ; f°s 200 r°-201 v°, 12-15 octobre 1596.

（３２６）序列について、都市参事会の記録は ACR A21, f°s 200 v°-201 v°, 12-15 octobre 1596. 出版記録は *Entrée à Rouen du Roi Henri IV en 1596 Précédée d'une Introduction* par J. FELIX et de Notes par Ch. de ROBILLARD DE BEAUREPAIRE (Société rouennaise de Bibliophiles), Rouen, Imprimerie de Esperance Cagniard, 1887 (édition originale: Discovrs de la ioyevse et triomphante entree de tres-havt, tres-pvissant et tres magnime prince Henry IIII de ce nom, tres-chrestien roy de France et de Nauarre, faicte en sa ville de Rouen ..., à Rouen, chez Raphael du Petit Val, 1599), pp. 11-29.

（３２７）ACR A21 f° 200 r°, 12 octobre 1596.

（３２８）ACR A23, f° 164 r°, 27 octobre 1617.

（３２９）ACR A23, f°s 180 v°-181 v°, 24 novembre 1617; ADSM G2184, 24 novembre 1617.

（３３０）ACR A23, f° 313 v°, 8 juillet 1620.

（３３１）ACR A23, f° 314 v°, 10 juillet 1620.

（３３２）ACR Chartrier 285-1, Arrivée du Roi Louis XIV et de la Reine, Régente, mère de Sa Majesté, en la ville de Rouen, en 1650; Passage du Roi Louis XV à Rouen en 1749; Passage du Roi Louis XVI à Rouen, en 1786.

（３３３）ACR A21, f°s 311 v°-313 r°, 10 mai 1599. このとき都市参事会は大司教入市式の前例として一五五二年のものに言及している。

（３３４）ACR A21, f°s 314 r°-315bis r^{o}, 22 mai 1599. 一方、聖堂参事会は「故ブールボン枢機卿の入市式と同様の儀式」をおこなうとしたが（ADSM G2180, 13 mai 1599）、先代のブールボン枢機卿の入市式については一五八三年におこなわれる予定だという記述があるのみで（ADSM G2175, f° 41, 21 juin 1583）、内容は不明である。

（３３５）ACR A22, f° 82 r°-v^{o}, 27 octobre-13 novembre 1605.

（３３６）ACR A23, f° 42 r°-v^{o}, 22 décembre 1615.

（３３７）ACR A23, f°s 41 v°-46 v°, 10 janvier 1616; ADSM G2184, 7 janvier 1616.

（３３８）ACR A22, f°s 232 v°-234 r°, 8 décembre 1610.

（３３９）ACR A23, f° 297 r°, 13 janvier 1620.

３　総行列

（１）総行列の概要

（３４０）ADSM G2149, f° 263 v°, 14 avril 1517.

（３４１）ADSM G2149, f° 264 r°, 17 avril 1517.

（３４２）ACR A17, f°s 112 v°-113 v°, 26 décembre 1556.

（３４３）ACR A17, f° 273 r°-v^{o}, 11 septembre 1558.

（３４４）ACR A10, f°s 150 v°-151 r°, 29 mai 1509.

（３４５）ADSM G2174, f° 249, 14 septembre 1582.　一五六〇年代から八〇年代にかけて、聖堂参事会が頻繁に domini または messieurs と呼ばれる参加者への報酬の増額を検討していることから、少なくとも一部の聖職者にとっては、総行列およびいくつかの行列に参加することが臨時収入につながったとみられる。しかも総行列の報酬を分配するに当たって、聖堂参事会が「参加者のみに」と明記している場合があるので、欠席する者がいたようである。

（３４６）ACR A10, f°s 144 r°-145 r°, 11 février 1508 v.s.

（３４７）ADSM G2148, f° 87 v°, 12 février 1510 v.s.

（３４８）ADSM G2152, f° 222 v°, 2 février 1525 v.s.; ACR A12, f° 395 r°, 3 février 1525 v.s.

（３４９）ACR A17, f°s 112 v°-113 v°, 26 décembre 1556.

（３５０）ACR A17, f° 273 r°-v^{o}, 11 septembre 1558.

（３５１）ACR A24, f°s 450 v°-451 r°, 28 mai 1622.

（２）挙行決定の過程

（３５２）ADSM G2157, f° 112 r°, 5 septembre 1542.

（353）ADSM G2153, f° 114 v°, 20 juillet 1528; ACR A13, f° 269 r°, 27 janvier 1534 v.s.; ADSM G2154, f° 268 v°, 28 (sic) janvier 1534 v.s. 前後の記述から、最後にあげた聖堂参事会記録の日付は「二十七日」の誤記と思われる。

（354）ACR A13, f°s 265 r°-269 r°, 9 janvier 1534 v.s.; ADSM G2154, f°s 268 v°-270 r°, 28 janvier 1534 v.s.

（355）ACR A15, f°s 27 v°-31 r°, 18 juin 1542.

（356）ACR A17, f° 306 r°, 10 avril 1559.

（3）都市祝祭としての総行列

（357）ACR A17, f° 273 r°-v^{o}, 11 septembre 1558; ACR A24, f°s 450 v°-451 r°, 28 mai 1622.

（358）ADSM G2154, f°s 268 v°-270 r°, 28 janvier 1534 v.s.; ACR A13, f° 269 r°, 27 janvier 1534 v.s.

（359）ACR A9, f° 177, 14 mars 1494 v.s.

（360）ACR A9, f° 187, 28-30 juillet 1495.

（361）ACR A9, f°s 257 r°-258 v°, 12 avril 1497 v.s.

（362）ADSM G2146, f° 67 r°, 14 avril 1498. このとき聖堂参事会は都市参事会からの働きかけなどについて言及していない。

（363）ACR A9, f°s 313-314, 16 juillet 1499.

（364）ADSM G2146, f° 133 r°, 30 août 1499.

（365）ACR A9, f°s 315 r°-316 r°, 18 septembre 1499.

（366）ADSM G2146, f° 136 r°, 19 septembre 1499.

（367）ADSM G2149, f° 138 v°, 3 octobre 1515.

（368）ACR A10, f°s 144 r°-145 r°, 11 février 1508 v.s.

（369）ACR A10, f°s 149 v°-150 r°, 21 mai 1509.

（370）ADSM G2147, f° 333, 21 mai 1509.

（371）ACR A10, f°s 150 v°-151 r°, 29 mai 1509.

（372）ACR A10, f° 346 r°-v^{o}, 23 août 1514.

(373) ADSM G2149, f° 74, 26 août 1514.

(374) ACR A11, f° 63, 5 septembre 1516.

(375) ACR A12, f° 329, 24 janvier 1524 v.s.

(376) *Copie des lettres du treschrestien roy de France enuoyees a tresreuerend pere en dieu monsieur Larchevesque de Rouen pour faire faire procession generalles et feux de ioye par tout son pays et duche de Normandie Auec la publication faicte a la ville de Rouen par la court de parlement le xxix. iour de Juillet mil cinq cens xxxviij.* imprime par Jehan Lhomme (Collection Rothschild de la Bibliothèque Nationale); ADSM 1B458, 29 juillet 1538.

(377) ADSM G2155, f° 156 v°, 29 juillet 1538.

(378) ADSM G2153, f° 114 v°, 20 juillet 1528; ADSM G2154, f°s 268 v°-270 r°, 28 janvier 1534 v.s.; ACR A13, f° 269 r°, 27 janvier 1534 v.s.

(379) ADSM G2157, f° 112 r°, 5 septembre 1542.

(380) ACR A17, f°s 302 r°-303 v°, 1er avril 1559.

(381) ACR A17, f°s 303 v°-306 r°, 10 avril 1559.

(382) ADSM G2163, f° 157 r°, 12 avril 1559; ACR A17, f° 306 r°, 13 avril 1559.

(383) ACR A21, f°s 293 r°-295 v°, 6-8 juin 1598.

(384) ADSM G2179, f°s 323 v°-324 r°, 7 juin 1598.

(385) ADSM G2179, f°s 325 v°-326 r°, 13 juin 1598; ACR A21, f°s 295 v°-296 v°, 12 juin 1598.

(386) ADSM G2184, 2 décembre 1617.

（4）参加者と序列

(387) ACR A13, f° 150 r°, 18 août 1531.

(388) ACR A13, "Les entrees de la reyne et de monseigneur daulphin lieutenant general du roy et gouuerneur en ce pays de Normandie faictes a Rouen en lan mil cinq centz trente et vng".

（３８９）ACR A13, f°s 265 r°-269 r°, 9 janvier 1534 v.s.　序列については f°s 265 v°-266 r° と f° 268 r°-v^{o} に二度記載されており、後者にのみ四地区代表の行列のなかでの位置と集合場所についての記述がある。

（３９０）ACR A13, f° 269 r°, 27 janvier 1534 v.s.; ADSM G2154, f° 268 v°, 28 janvier 1534 v.s.

（３９１）ADSM G2154, f°s 268 v°-270 r°, 28 janvier 1534 v.s.

（３９２）ACR A13, f° 272 r°-v^{o}, 3 février 1534 v.s.

（３９３）ACR A15, f°s 20 r°-27 v°, 14 juin 1542.

（３９４）ADSM G2157, f° 85 v°, 17 juin 1542.

（３９５）ACR A15, f°s 27 v°-31 r°, 18 juin 1542.

（３９６）ACR A17, f°s 112 v°-113 v°, 26 décembre 1556.

（５）都市当局の位置と構成

（３９７）ACR A21, f°s 154 v°-155 v°, 2 décembre 1595 に、一五八七年九月十二日に出されたという高等法院判決の写しがある。大聖堂のなかでの席順については、この二年前にテ・デウムが歌われた際、聖堂参事会と高等法院の間で食い違いがあったことを踏まえていると思われる。ADSM G2175, f° 271 r°-272 r°, 23 juillet 1585.

（３９８）ACR A17, f° 306 r°, 10 avril 1559.

（３９９）ACR A21, f°s 154 v°-155 v°, 2 décembre 1595.　一五八七年九月十二日付の高等法院判決。

（４００）ACR A21, f° 295 r°, 6 juin 1598.

（４０１）ACR A24, f° 693 r°-v^{o}, 22 novembre 1627.

（６）総行列の減少とテ・デウムの確立

（４０２）ADSM G2168, f° 57 v°, 29 septembre 1567.

（４０３）ADSM G2168, f° 58 r°, 1er octobre 1567.

（４０４）ADSM G2168, f° 59 r°, 4 octobre 1567; fo 60 vo, 8 octobre 1567.

（４０５）ADSM G2168, f° 73 r°, 15 novembre 1567.
（４０６）ADSM G2168, f° 74, 25 novembre 1567.

４　テ・デウムと祝火

（１）テ・デウムの概要

（４０７）ACR A21, f° 277 r°-v^{o}, 24 mars 1598.

（２）国王儀礼としてのテ・デウムの成立

（４０８）ACR A9, f°s 210 r°-211 r°, 17 septembre 1496.
（４０９）ACR A9, f°s 257 r°-258 v°, 12 avril 1497 v.s.; f° 160 r°, 3 mai 1498.
（４１０）ACR A9, f°s 315 r°-316 r°, 18 septembre 1499.
（４１１）ADSM G2146, f° 136 r°, 19 septembre 1499.
（４１２）ADSM G2146, f° 162 v°, 19 avril 1500.
（４１３）ACR A9, f° 334 r°-v^{o}, 23 avril 1500.
（４１４）ADSM G2146, f° 163 r°, 23 avril 1500.
（４１５）ADSM G2146, f° 259 v°, 20 décembre 1501.
（４１６）ADSM G2147, f° 28, 16 avril 1503.
（４１７）ADSM G2149, f° 138 r°-v^{o}, 1er octobre 1515.
（４１８）ADSM G2149, f° 138 v°, 3 octobre 1515. 同じ件については翌年一月二日にも総行列に関する議論があったが、挙行には至らなかった。ADSM G2149, f° 138 v°, 2 janvier 1515 v.s.
（４１９）ACR A11, f°s 164 v°-167 r°, 6 mars 1517 v.s.
（４２０）ADSM G2149, f° 320 r°, 8 mars 1517 v.s.

（４２１）ACR A14, f°s 102 r°-103 r°, 16 septembre 1536.
（４２２）ADSM G2155, f° 9 r°, 16 septembre 1536.
（４２３）ADSM G2158, f°s 82 r°-83 r°, 3-4 octobre 1544.
（４２４）ADSM G2164, f° 142 r°, 22 août 1561. このときのテ・デウムはルーアンのすべての教区でもおこなわれ、新教徒がこれに反発して集会を開いたとされる。A. FLOQUET, *Histoire du parlement*, tome 2, pp. 361-362.
（４２５）ADSM G2166, f° 53 v°, 30 juillet 1563.「元帥 connetable」はアンヌ・ド・モンモランシーか。国王は当時ノルマンディのガイヨン城に滞在していて、八月十二日のルーアン行幸をひかえていた。A. FLOQUET, *Histoire du parlement*, tome 2, pp. 549-554.
（４２６）ADSM G2168, f° 73 r°, 15 novembre 1567.
（４２７）ADSM G2168, f° 74, 25 novembre 1567.
（４２８）ADSM G2149, f° 320 r°, 8 mars 1517 v.s.
（４２９）この和議について都市参事会は十月四日にまず王母とグラン・セネシャルから、和議について知らせ、外国人への敵対行為を禁止する内容の書簡を受け取った。ACR A12, f°s 377 r°-379 v°, 4 octobre 1525. 次いで九日の都市参事会で、国王虜囚のあいだ強化されていた都市防衛体制を平時に戻した。ACR A12, f°s 382 v°-383 r°, 9 octobre 1525. それから祝賀儀式について議論した。ACR A12, f° 384 r°-v^{o}, 13 octobre 1525.
（４３０）ADSM G2152, f° 187 r°, 13 octobre 1525.
（４３１）ADSM G2152, f° 222 v°, 2 février 1525 v.s.
（４３２）ADSM G2152, f° 96 r°-v^{o}, 14 octobre 1524.
（４３３）ADSM G2155, f° 149 r°-v^{o}, 4 juillet 1538.
（４３４）ADSM G2166, f° 157 r°, 24 avril 1564.
（４３５）ADSM G2168, f° 210 r°-v^{o}, 19 mars 1569.
（４３６）ADSM G2168, f° 261 v°, 23 août 1569.
（４３７）ADSM G2168, f° 272 v°, 6 octobre 1569.

（438）ACR A19, f° 299 r°-v^{o}, 16 juin 1573.

（439）ADSM G2170, f° 270 r°-v^{o}, 9 septembre 1574.

（440）ADSM G2175, f°s 271 r°-272 r°, 23 juillet 1585. このとき高等法院が内陣の席を要求する根拠にしているパリの当時の慣例については、手元に資料がなく不明である。フォジェルによれば、十七世紀にパリの大聖堂では司教座聖堂参事会、高等法院、都市当局、租税法院、会計法院、さらに国王・王妃と王族、側近が内陣の席に着いている。M. FOGEL, *Les cérémonies de l'information*, pp. 212-215.

（441）ACR A20, f° 257 r°-v^{o}, 23 juillet 1585.

（442）ACR A21, f°s 154 v°-155 v°, 2 décembre 1595 に、一五八七年九月十二日付の高等法院判決の写しがある。

（443）ADSM 1B693, 9 septembre 1587; ADSM G2176, f° 142 r°, 5 septembre 1587; f° 144 r°-v^{o}, 10 et 12 septembre 1587.

（444）ADSM G2176, f° 170 v°, 3 décembre 1587.

（445）ADSM G2176, f°s 171 v°-172 r°, 5 et 9 décembre 1587.

（446）ADSM G2178, f° 293 r°, 9 août 1594.

（447）ACR A21, f° 277 r°-v^{o}, 24 mars 1598.

(3) テ・デウムと祝火

（448）ACR A10, f°s 144 r°-145 r°, 11 février 1508 v.s.

（449）ACR A10, f° 346 r°-v^{o}, 23 août 1514.

（450）ADSM G2149, f° 74, 26 août 1514.

（451）ACR A11, f° 63, 5 septembre 1516.

（452）ACR A12, f° 329, 24 janvier 1524 v.s.

（453）ADSM G2168, f° 272 v°, 6 octobre 1569.

（454）ADSM G2168, f°s 273 v°-274 r°, 7 octobre 1569.

（455）ACR A17, f°s 303 v°-306 r°, 10 avril 1559.

(456) ACR A19, fº 299 rº-vº, 16 juin 1573.

(457) ACR A20, fº 257 rº-vº, 23 juillet 1585.

(458) ADSM 1B716, 2 décembre 1595.

(459) ADSM G2179, 2 décembre 1595.

(460) ACR A21, f°s 152 rº-153 rº, 2 décembre 1595.

(461) ACR A21, fº 153 vº, 3 décembre 1595.

(462) ACR A21, f°s 153 vº-154 vº, 6 décembre 1595.

(463) ACR A21, fº 278 rº, 24 mars 1598; fº 295 rº, 6 juin 1598 で、ほとんど同様の記述。また ACR A21, fº 399 rº-vº, 29 septembre 1601; fº 65 rº, 14 avril 1605 では、地区長をつうじて百人長・五十人長・十人長に命じたという記述にとどまる。

(4) テ・デウムの全国的な挙行

(464) ACR A9, fº 210 rº, 17 septembre 1496.

(465) ACR A10, fº 346 rº-vº, 23 août 1514.

(5) 形式の変化が意味するもの

(466) 五十人隊と火縄銃隊の儀式への参加について、一六一六年の大司教入市式の直後に州総督モンバゾン公が、両隊の隊長が州総督の許可なく都市当局の隊列に加わることを禁じると、都市参事会は州総督に、両隊の隊長と隊員が今後も「慣習どおりに、武装して騎馬で」儀式に参加する許可を求めた。ACR A23, f°s 40 vº-41 vº, 9 et 10 janvier 1616. バルデによれば、両隊は十七・十八世紀をつうじて公的な儀式に都市当局の一員として参加したとされる。J.-P. BARDET, *Rouen aux XVIIe et XVIIIe siècles*, pp. 141-142. 都市民兵については、一五九六年の国王入市式のほかには、一五八八年の州総督ジョワユーズ公の葬儀と、一六一五年のテ・デウムに隊長のみが参加した記録がある。ADSM G2176, fº 199 vº, 8 mars 1588; ACR A21, fº 200 rº, 12 octobre 1596; ACR A23, fº 30 rº, 27 octobre 1615.

（467）ACR A10, fº 73 vº, 4 septembre 1507; ACR A10, fº 256 vº, 4 juin 1512; fº 258 rº-vº, 12 juin 1512.
（468）ACR A12, fos 334 rº-335 vº, 10 mars 1524 v.s.
（469）ACR A12, fº 335 vº, 10 mars 1524 v.s.
（470）ACR A12, fos 346 vº-347 rº, 16 mars 1524 v.s.
（471）ACR A12, fº 361 rº-vº, 3 avril 1524 v.s.
（472）ACR A12, fº 369 rº, 23 avril 1525.
（473）ACR A12, fº 370 vº, 2 mai 1525.
（474）François FARIN, *Histoire de la ville de Rouen*, 3 vols., Rouen, chez Iacques Heravlt, 1668, tome 1, pp. 386-387. 橋門から聖ジュリアン礼拝堂までは直線距離で約三キロメートル。
（475）ACR A12, fº 372 rº, 24 mai 1525.
（476）ACR A14, fos 75 rº et 78 rº, 21 août 1536; fº 85 rº-vº, 22 août 1536.
（477）ACR A14, fº 89 vº, 25 août 1536.
（478）ACR A14, fº 92 rº-vº, 26 août 1536.
（479）ACR A17, fº 262 rº, 7 mai 1558.
（480）ACR A18, fº 13 rº-vº, 16 novembre 1562.
（481）ACR A18, fos 54 vº-55 rº, 6 avril 1562 v.s.
（482）ACR A19, fº 94 rº-vº, 7 mars 1568.
（483）ACR A10, fº 251 rº, 24 mars 1511 v.s.; ACR A12, fos 289 rº-292 rº, 17 et 24 juin 1524; fos 334 rº-335 vº, 10 mars 1524 v.s.
（484）ACR A18, fos 172 rº-175 vº, 1er juillet 1564. 一五六七年にも都市参事会が高等法院の治安令に同意する形で、手工業者に奉公人の名前と雇用期間を都市の書記官に届けさせることなどを決議した。 ACR A19, fos 41 vº-43 rº, 30 septembre 1567.
（485）ACR A19, fos 245 vº-246 rº, 8 octobre 1572.

（486）ACR A12, f° 31 r°, 18 juin 1542.

（487）*Entrée à Rouen du Roi Henri II et de la reine Catherine de Médicis en 1550*, p. 91.

（488）*Le livre des Fontaines de la ville de Rouen, par Jacques Le Lieur, l'édition réalisé à partir du manuscrit original*, Rouen, Imprimerie Iropa, 2005.

（489）Cosmographe de Belleforest (1575), Coll. Bibliothèque minicipale de Rouen, cote BMR 3741.（口絵参照）

（490）F. N. Taillepied, *Recveil des antiqvitez et singvlaritez de la ville de Rouen. Auec vn progrez des choses memorables y aduenues depuis sa fondation iusques a present*, A Rouen, Ches Raphael dv petit Val, 1587.

（491）*Entrée à Rouen du Roi Henri II et de la reine Catherine de Medicis en 1550*, p. 128.

（492）*Les Triomphes de l'Abbaye des Conards sous le resveur en decimes Fagot Abbe des Conards, concernant les criees & proclamations faites, depuis son aduenement iusques a l'An present. Plus l'ingenieuse Lessiue qu'ils ont Conardement monstree, aux iours gras en L'an M. D. XL. Plus le Testament D'ouinet, de nouueau augmente par le commandement dudit Abbe, non encores veu. Plus la Letanie, l'Antienne, & l'Oraison faite en ladite maison Abbatiale en l'An 1580*, Rouen, chez Nicolas Dvgord, 1587. 高等法院が出した〈コナール〉または謝肉祭に関する判決のうち八点が Raymond LEBEGUE, "La vie dramatique à Rouen de Francois Ier à Louis XIII", *Bulletin philologique et historique*, 1955-1956, pp. 399-422 に引用されている。なお本論では触れられなかったが、ルーアンでは十五・十六世紀に多数の演劇と詩が残されており、文芸活動が活発であった。特に詩作については「聖母マリアの無原罪のお宿り」をテーマにした一種のコンクールであるパリノ文芸祭 Puy de Palinods が知られている。Denis HUE, *La poésie palinodique à Rouen (1486-1550)*, Paris, Honoré Champion, 2002.

Virginie LEMONNIER-LESAGE, *Les arrêts de règlement du Parlement de Rouen, fin XVIème-XVIIème siècles,* Paris, Editions Panthéon-Assas, 1999.

Dominique LEOST, "Les métiers rouennais au lendemain de la reconquête française (1449-1455)", *Annales de Normandie,* 43, 1993, pp. 141-153.

Michel MOLLAT, *Le commerce maritime normand à la fin du Moyen Age,* Paris, Plon, 1952.

Michel MOLLAT, "Mue d'une ville médiévale (environ 1475-milieu du XVIe siècle", in: idem (dir.), *Histoire de Rouen,* Toulouse, Privat, 1979, pp. 145-178.

Charles OUIN-LACROIX, *Histoire des anciennes corporations d'arts et métiers et des confréries religieuses de la capitale de la Normandie,* Rouen, Lecointe Frères, 1850.

Penny RICHARDS, "Rouen and the Golden Age: the Entry of Francis I, 2 August 1517", in: Christopher ALLMAND (ed.), *Power, Culture, and Religion in France c.1350-c.1550,* Woodbridge, U. K., Boydell, 1989, pp. 117-130.

Jean-Louis ROCH, "Entre draperie rurale et draperie urbaine? La draperie foraine de Rouen à la fin du Moyen Age", *Annales de Normandie,* 48-3, 1998, pp. 211-230.

Catherine VINCENT, *Des charités bien ordonnées. Les confréries normandes de la fin du XIIIe siècle au début du XVIe siècle*, Paris, Ecole Normale Supérieure, 1988.

Michael WINTROUB, "L'ordre du rituel et l'ordre des choses: l'entrée royale d'Henri II à Rouen (1550)", *Annales. Histoire, Sciences Sociales,* 56-2, 2001, pp. 479-505.

du Centre d'histoire des espaces Atlantiques, nouvelle série no 5, 1990, pp. 265-279.

Jacques BOTTIN, "La production des toiles en Normandie: milieu XVIe-milieu XVIIe siècles. Approche des voies de développement", in: Denis WORONOFF (dir.), *L'Homme et l'industrie en Normandie du néolithique à nos jours. Actes du congrès régional des sociétés historiques et archéologiques de Normandie, L'Aigle, 26-30 octobre 1988,* Alencon, Société historique et Archéologique de l'Orne, 1990, pp. 77-86.

Jacques BOTTIN, "La présence flamande à Rouen: l'hôte, l'auberge, la maison", in: J. BOTTIN et Donatella CALABI (dir.), *Les étrangers dans la ville. Minorités et espace urbain du bas Moyen Age à l'époque moderne,* Paris, Editions de la Maison des sciences de l'homme Paris, 1999, pp. 183-298.

Yves BOTTINEAU-FUCHS, "La statuaire de la première Renaissance en Haute-Normandie", *Annales de Normandie,* 42-4, 1992, pp. 365-393.

Gayle K. BRUNELLE, *The New World Merchants of Rouen 1559-1630,* Kirksville, MO, Sixteenth Century Journal Publishers, 1991.

Lucien-René DELSALLE, *Rouen et les Rouennais au temps de Jeanne d'Arc 1400-1470,* Rouen, Editions du P'tit Normand, 1982.

Jonathan DEWALD, *The Formation of a Provincial Nobility. The magistrates of the Parlement of Rouen, 1499-1610,* Princeton, NJ, Princeton University Press, 1980.

A. FLOQUET, *Histoire du Parlement de Normandie,* 7 vols., Rouen, Edouard Frère, 1840-42.

Bernard GAUTHIEZ, "Les places de Rouen, 1480-1530, et l'évolution des places en Normandie du XIIe au XVIe siècle", in: Laurence BAUDOUX-ROUSSEAU et als. (éd.), *La place publique urbaine du Moyen Age à nos jours,* Arras, Artois Presses Université, 2007, pp. 151-162.

Denis HUE, *La poésie palinodique à Rouen (1486-1550),* Paris, Honoré Champion, 2002.

Raymond LEBEGUE, "La vie dramatique à Rouen de Francois Ier à Louis XIII", *Bulletin philologique et historique,* 1955-1956, pp. 399-422.

高澤紀恵『近世パリに生きる　ソシアビリテと秩序』、岩波書店、2008年。

竹岡敬温『近代フランス物価史序説　―価格革命の研究―』、創文社、1973年。

ヴィクター・ターナー「カーニヴァル　―社会の反省作用―」『象徴と社会』付録（1978年の講演録）、梶原景昭訳、紀伊國屋書店、1981年、305-343頁。

【二次文献】（ルーアン）

Mathieu ARNOUX et Jacques BOTTIN, “Autour de Rouen et Paris: modalités d’intégration d’un espace drapier (XIIIe-XVIe siècles)”, *Revue d’histoire moderne et contemporaine,* 48-2/3, 2001, pp. 162-191 (repris: “L’organisation des territoires du drap entre Rouen et Paris: dynamiques productives et commerciales (XIIIe-XVIe siècles)”, in: Alain BECCHIA (dir.), *La draperie en Normandie du XIIIe au XXe siècle,* Rouen, Publication de l’Université de Rouen, 2003, pp. 167-195).

Jean-Pierre BARDET, *Rouen aux XVIIe et XVIIIe siècles. Les mutations d'un espace social,* 2 vols., Paris, SEDES, 1983.

Philip BENEDICT, “Heurs et malheurs d'un gros bourg drapant. Note sur la population de Darnétal aux XVIe et XVIIe siècles”, *Annales de Normandie,* 28-4, 1978, pp. 195-205.

Philip BENEDICT, *Rouen during the Wars of Religion,*Cambridge, Cambridge University Press, 1981.

Joel BLANCHARD, “Le spectacle du rite: les entrées royales”, *Revue historique,* 627 (CCCV/3), 2003, pp. 475-519.

Guy BOIS, *La crise du féodalisme,* Paris, Presses de la Fondation Nationale des Sciences Politiques, 1976.

Jacques BOTTIN, “Structures et mutations d'un espace protoindustriel à la fin du XVIe siècle”, *Annales: Economies Sociétés Civilisations,* 43-4, 1988, pp. 975-995.

Jacques BOTTIN, “Grand commerce et produit textile à Rouen (1550-1620)”, *Bulletin*

ツァイー』、阪口修平ほか編訳、創文社、1993年（原著1980年）。

David POTTER, *War and Government in the French Provinces. Picardy 1470-1560,* Cambridge University Press, 1993.

David RIVAUD, *Les villes et le roi (v. 1440-v. 1560). Les municipalités de Bourges, Poitiers et Tours et l'émergence de l'Etat moderne,* Rennes, Presses universitaires de Rennes, 2007.

高橋清徳『国家と身分制議会　－フランス国制史研究－』、東洋書林、2003年。

高澤紀恵「フランス宗教戦争期のパリ16区総代会　—88-89年体制を中心に—」、『史学雑誌』第96編10号、1987年、1-34頁。

高澤紀恵「「パリの夜回り」考　—1559年の改編をめぐって—」、比較都市史研究会編『都市と共同体』、名著出版、1991年、下巻89-111頁。

高澤紀恵「パリの民兵　—リーグからフロンドへ—」、二宮宏之編『結びあうかたち　—ソシアビリテ論の射程—』、山川出版社、1995年、73-100頁。

高澤紀恵「近隣関係・都市・王権　—16-18世紀パリ—」、『岩波講座世界歴史16 主権国家と啓蒙』、1999年、171-193頁。

高澤紀恵「近世パリの「危機」と「安定」　—パリ史からのコメント—」、イギリス都市・農村共同体研究会編『巨大都市ロンドンの勃興』、刀水書房、1999年、136-167頁。

高澤紀恵「近世パリの広場と祝祭　—聖ヨハネの火祭りをめぐって—」、高山博・池上俊一編『宮廷と広場』、刀水書房、2002年、269-294頁。

高澤紀恵「近世パリ社会と武器」、二宮宏之・阿河雄二郎編『アンシアン・レジームの国家と社会　権力の社会史へ』、山川出版社、2003年、101-130頁。

高澤紀恵「パリのポリス改革　—1666-1667—」、『思想』第959号、2004年、62-87頁。

宮崎揚弘『フランスの法服貴族　18世紀トゥルーズの社会史』、同文舘、1994年。

Michel MOLLAT (dir.), *Etude sur l'histoire de la pauvreté (Moyen Age-XVIe siècle),* 2 vols., Paris, Publications de la Sorbonne, 1974.

Michel MOLLAT, *Les pauvres au Moyen Age. Etude sociale,* Paris, Hachette, 1978.

Robert MUCHEMBLED, *Culture populaire et culture des élites dans la France moderne (XVe-XVIIIe siècles),* Paris, Flammarion, 1978.

ロベール・ミュシャンブレッド『近代人の誕生　―フランス民衆社会と習俗の文明化―』、石井洋二郎訳、筑摩書房、1992年（原著1988年）。

Robert MUCHEMBLED, *Le temps des supplices. De l'obéissance sous les rois absolus, XVe-XVIIIe siècle,* Paris, Armand Colin, 1992.

中澤勝三『アントウェルペン国際商業の世界』、同文舘、1993年。

二宮宏之「フランス絶対王政の統治構造」、『全体を見る眼と歴史家たち』、木鐸社、1986年、112―171頁（初出1979年、二宮『フランス　アンシアン・レジーム論　―社会的結合・権力秩序・叛乱―』、岩波書店、2007年、219-262頁に再掲）。

二宮宏之「王の儀礼　―フランス絶対王政―」、『岩波シリーズ世界史への問い7　権威と権力』岩波書店、1990年、129-158頁（二宮『フランス　アンシアン・レジーム論　―社会的結合・権力秩序・叛乱―』、岩波書店、2007年、277-305頁に再掲）。

フランソワ・オリヴィエ=マルタン『フランス法制史概説』、塙浩訳、創文社、1986年（原著1951年）。

ゲルハルト・エーストライヒ「ヨーロッパ絶対主義の構造に関する諸問題」、F・ハルトゥングほか著、成瀬治編訳『伝統社会と近代国家』、岩波書店、1982年、233-258頁（原文1969年）。

ゲルハルト・エストライヒ『近代国家の覚醒　―新ストア主義・身分制・ポリ

林田伸一「フランス絶対王政下の都市自治権　―アミアンを中心として―」、『史 学雑誌』第87編11号、1978年、1-35頁。

印出忠夫「儀礼を通じて見た中世都市ボルドーの聖域構造」、『史学雑誌』第99編9号、1990年、41-61頁。

印出忠夫「都市宗教儀礼を通じて見た中世都市のアイデンティフィケーション－ある問題整理の試み－」、『上智史学』第38号、1993年、99-118頁。

印出忠夫「中世末期フランス国王の入城式　－ボルドーのケースを通じて」、磯見辰典編『彷徨　西洋中世世界』、南窓社、1996年、138-146頁。

印出忠夫「中世末期ボルドー　Bordeaux　における「総行列」（processio generalis）、「入城式」（introitus）とフランス王権」、『紀尾井史学』第8号、1998年、45-56頁。

伊藤滋夫「近世ノルマンディにおける直接税徴税機構　－地方三部会とエレクシオン制－」、『史学雑誌』第103編7号、1994年、1-34頁。

Wolfgang KAISER, *Marseille aux temps des troubles. Morphologie sociale et luttes de factions 1559-1596,* Paris, EHESS, 1992 (édition originale allemande, 1991).

河原温『中世フランドルの都市と社会　―慈善の社会史―』、中央大学出版部、 2001年。

小山啓子『フランス・ルネサンス王政と都市社会　―リヨンを中心として』、九州大学出版会、2006年。

Emmanuel LE ROY LADURIE, *Le carnaval de Romans. De la Chandeleur au mercredi des Cendres 1579-1580,* Paris, Gallimard, 1979, 邦訳、エマニュエル・ル・ロワ・ラデュリ『南仏ロマンの謝肉祭　―叛乱の想像力―』、蔵持不三也訳、新評論、2002年。

Emmanuel LE ROY LADURIE, *L'Etat royal 1460-1610,* Paris, Hachette, 1987.

J. Russell MAJOR, *From Renaissance Monarchy to Absolute Monarchy. French kings, nobles, & estates,*Baltimore, MD, The Johns Hopkins University Press, 1994.

Michèle FOGEL, *Les cérémonies de l'information dans la France du XVIe au milieu du XVIIIe siècle,* Paris, Fayard, 1989.

藤井美男『中世後期南ネーデルラント毛織物工業史の研究　—工業構造の転換をめぐる理論と実証—』、九州大学出版会、1998年。

藤井美男『ブルゴーニュ国家とブリュッセル　—財政をめぐる形成期近代国家と 中世都市—』、ミネルヴァ書房、2007年。

深沢克己『海港と文明　近世フランスの港町』、山川出版社、2002年。

ブロニスワフ・ゲレメク『憐れみと縛り首　—ヨーロッパ史の中の貧民—』、早坂真理訳、平凡社、1993年（原著1989年）。

Martine GRINBERG, "Carnaval et société urbaine XIVe-XVIe siècles: le royaume dans la ville", *Ethnologie française,* nouvelle série IV-3, 1974, pp. 215-244.

Martine GRINBERG, "La culture populaire comme enjeu: rituels et pouvoirs (XIVe-XVIIe siècles)", in: *Culture et idéologie dans la genèse de l'Etat moderne. Actes de la table ronde organisée par le Centre national de la recherche scientifique et l'Ecole française de Rome, Rome 15-17 octobre 1984,* Rome, Ecole française de Rome, 1985, pp. 381-392.

Bernard GUENEE et Françoise LEHOUX, *Les entrées royales françaises de 1328 à 1515,* Paris, CNRS, 1968.

Alain GUERY, "L'Etat. L'outil du bien commun", in: Pierre NORA (dir.), *Les lieux de mémoire, III Les France,* tome 3, 1992, pp. 818-867.

Philippe HAMON, *L'argent du roi. Les finances sous François Ier,* Paris, Comité pour l'histoire économique et financière de la France, 1994.

Philippe HAMON, "Une monarchie de la Renaissance? 1515-1559", in: Joël CORNETTE (dir.), *La monarchie entre Renaissance et Révolution 1515-1792,* Paris, Seuil, 2000, pp. 13-62.

花田洋一郎『フランス中世都市制度と都市住民　—シャンパーニュの都市プロヴァンを中心にして—』、九州大学出版会、2002年。

Natalie Zemon DAVIS, "Poor Relief, Humanism, and Heresy", in idem, *Society and Culture in Early Modern France. Eight Essays,* Stanford University Press, 1975, pp. 17-64, 邦訳、ナタリー・Z・デーヴィス「貧民救済・ユマニスム・異端」、同著者『愚者の王国　異端の都市　―近代初期フランスの民衆文化』、成瀬駒男ほか訳、平凡 社、1987年、37- 93頁。

Natalie Zemon DAVIS, "The Reasons of Misrule", in: idem, *Society and Culture in Early Modern France, Eight Essays,* Stanford University Press, 1975, pp.97-123, 邦訳、ナタリー・Z・デーヴィス「無軌道の存在理由」、同著者『愚者の王国　異端の都市　―近代初期フランスの民衆文化―』、成瀬駒男ほか訳、平凡社、1987年、133-164頁。

Robert DESCIMON, "Qui étaient les Seize? Etude sociale de deux cent vingt-cinq cadres laïcs de la ligue radicale parisienne (1585-1594)", *Paris et Ile-de-France. Mémoires,* tome 34, 1983, pp. 7-300.

Robert DESCIMON, "L'échevinage parisien sous Henri IV (1594-1609). Autonomie urbaine, conflits politiques et exclusives sociales", in: Neithard BURST et J.-Ph. GENET (éd.), *La ville, la bourgeoisie et la genèse de l'Etat moderne (XIIe-XVIIIe siècles), Actes du colloque de Bielefeld (29 novembre-1er décembre 1985),* Paris, CNRS, 1988, pp. 113-150.

Robert DESCIMON, "Paris on the eve of Saint Bartholomew: taxation, privilege, and social geography", in: Philip BENEDICT (ed.), *Cities and Social Change in Early Modern France,* London, Routelegde, 1992, pp. 69-104.

Robert DESCIMON, "La milice bourgeoise et identité citadine à Paris au temps de la Ligue", *Annales: Economies Sociétés Civilisations,* 48-4,1993, pp. 885-906.

Georges DUBY (dir.), *Histoire de la France urbaine tome 3, La ville classique de la Renaissance aux Révolutions,* volume dirigé par Emmanuel LE ROY LADURIE, Paris, Seuil, 1981.

ミシェル・フーコー『監獄の誕生　―監視と処罰―』、田村俶訳、新潮社、1977年（原著1975年）。

ミシェル・フーコーほか著『フーコーの＜全体的なものと個的なもの＞』、北山晴一訳・解説、三交社、1993年（原文1981年）。

18世紀　II-２』、山本淳一訳、みすず書房、1988年（原著1979年）。

Michael P. BREEN, *Law, City, and King. Legal Culture, Municipal Politics, and State Formation in Early Modern Dijon,* Rochester, NY, University of Rochester Press, 2007.

Lawrence M. BRYANT, *The King and the City in the Parisian Royal Entry Ceremony: Politics, Ritual, and Art in the Renaissance,* Genève, Droz, 1986.

Lawrence M. BRYANT, "Making History: Ceremonial Texts, Royal Space, and Political Theory in the Sixteenth Century", in: Michael WOLFE (ed.), *Changing Identities in Early Modern France,* Durhan, NC, Duke University Press, 1996, pp. 46-77.

ピーター・バーク『ヨーロッパの民衆文化』中村賢二郎／谷泰訳、人文書院、1988年（原書出版はロンドンで1978年）。

ピーター・バーク『知識の社会史　―知と情報はいかにして商品化したか―』、井 山弘幸・城戸淳訳、新曜社、2004年（原著2000年）。

ロジェ・シャルティエ「規制と創出　―祝祭―」、同著者『読書と読者　―アン シャン・レジーム期フランスにおける―』、長谷川輝夫・宮下志朗訳、 みすず書 房、1994年、第1章、17-40頁（原文初出1980年）。

Roger CHARTIER, *Les origines culturelles de la Révolution française,* Paris, Seuil, 1991, 邦訳、ロジェ・シャルチエ『フランス革命の文化的起源』、松浦義弘訳、岩波書店、1994年。

Bernard CHEVALIER, *Les bonnes villes de France du XIVe au XVIe siècle,* Paris, Aubier Montaigne, 1982.

Bernard CHEVALIER, "L'état et les bonnes villes en France au temps de leur accord parfait (1450-1550)", in: N. BURST et J.-Ph. GENET (éd.), *La ville, la bourgeoisie et la genèse de l'Etat moderne (XIIe-XVIIIe siècles), Actes du colloque de Bielefeld (29 novembre-1er décembre 1985),* Paris, CNRS, 1988, pp. 71-85.

Joël CORNETTE, *Histoire de la France: l'affirmation de l'Etat absolu 1515-1652,* Paris, Hachette, 2000.

PAIRE, (Société des bibliophiles Normandes), Rouen, Imprimerie de Henri Boissel, 1870.

Entrée à Rouen du Roi Henri IV en 1596 Précédée d'une Introduction par J. FELIX et de Notes par Ch. de ROBILLARD DE BEAUREPAIRE (Société rouennaise de Bibliophiles), Rouen, Imprimerie de Espérance Cagniard, 1887 (édition originale: *Discovrs de la ioyevse et triomphante entree de tres-havt, tres-pvissant et tres magnime prince Henry IIII de ce nom, tres-chrestien roy de France et de Nauarre, faicte en sa ville de Rouen ...,* a Rouen, chez Raphael du Petit Val, 1599).

Le livre des Fontaines de la ville de Rouen, par Jacques Le Lieur, l'édition réalisé à partir du manuscrit original, Rouen, Imprimerie Iropa, 2005.

【二次文献】（全般）

Tierry AMALOU, *Une concorde urbaine. Senlis au temps des réformes (vers 1520-vers 1580),* Limoges, Pulim, 2007

Michel ANTOINE, *Le cœur de l'Etat. Surintendance, contrôle général et intendances des finances 1552-1791,* Paris, Fayard, 2003.

ミハイール・バフチーン『フランソワ・ラブレーの作品と中世・ルネッサンスの 民衆文化』、川端香男里訳、せりか書房、1988年（原著1965年）。

Philip BENEDICT, "French cities from the sixteenth century to the Revolution: An overview", in: idem (ed.), *Cities and social change in early modern France,* London, Routeledge, 1992, pp. 7-64.

Yves-Marie BERCE, *Fête et révolte. Des mentalités populaires du XVIe au XVIIIe siècle,* Paris, Hachette, 1994 (première édition en 1978), 邦訳、イヴ=マリ・ベルセ『祭りと反乱　―16～18世紀の民衆意識―』井上幸治監訳、 新評論、1980年。

Fernand BRAUDEL et Ernest LABROUSSE (dir.), *Histoire économique et sociale de la France, tome I, 1er volume: L'Etat et la Ville* (par Pierre CHAUNU et Richard GASCON), Paris, PUF, 1977.

フェルナン・ブローデル『交換のはたらき　物質文明・経済・資本主義　15～

Abbe, non encores veu. Plus la Letanie, l'Antienne, & l'Oraison faite en ladite maison Abbatiale en l'An 1580, Rouen, chez Nicolas Dvgord, 1587.

François FARIN, *Histoire de la ville de Rouen,* 3 vols., Rouen, chez Iacques Heravlt, 1668.

⑤そのほか、刊行済み

Comptes rendus des échevins de Rouen avec des documents relatifs à leur élection (1409-1701). Extraits des régistres des délibérations de la ville et publiés pour la première fois par J. FELIX, 2 vols., Rouen, A. Lestringant, 1890.

Documents concernant les pauvres de Rouen. Extraits des archives de l'Hôtel-de-ville. Publies avec introduction, notes et table par le docteur G. PANEL, 3 vols., Rouen, A. Lestringant-Paris, Auguste Picard, 1917.

Ordonnances de 1519 sur le fait de la chose publique à Rouen publiées avec introduction par le Dr G. PANEL, (Société rouennaise de bibliophiles), Rouen, Imprimerie Albert Laine, 1925.

Les Entrées de Eléonore d'Autriche Reine de France et du Dauphin fils de François I dans la ville de Rouen, au mois de février 1531 (1532 suivant la supputation actuelle), réimprimé d'après un opuscule rarissme de l'époque et accompagné de préliminaires historiques par André POTTIER (Société rouennaise de Bibliophiles), Rouen, Imprimerie de Henri Boissel, 1866.

Copie des lettres du treschrestien roy de France enuoyees a tresreuerend pere en dieu monsieur Larchevesque de Rouen pour faire faire procession generalles et feux de ioye par tout son pays et duche de Normandie Auec la publication faicte a la ville de Rouen par la court de parlement le xxix. iour de Juillet mil cinq cens xxxviij. imprimé par Jehan Lhomme (Collection Rothschild de la Bibliothèque Nationale).

Entrée à Rouen du Roi Henri II et de la reine Catherine de Médicis en 1550, Advertissement par J. FELIX (Société rouennaise de Bibliophiles), Rouen, Imprimerie de Espérance Cagniard, 1885 (édition originale, 1551).

Séjour de Henri III à Rouen aux mois de juin et de juillet 1588. Recueil d'opuscules rares et de documents inédits auec introduction et notes par Ch. ROBILLARD DE BEAURE-

文献一覧

【史料】

①ルーアン市文書館所蔵、未刊行史料 ACR: Archives communales de Rouen

都市参事会議事録 ACR série A: délibéerations du Conseil, A9-24: 1491-1630.

都市財政記録 ACR série XX, XX4: Dixiesme comtpte de doumaine pour lann'finie a la Sainct M'el mil cinq cens vingt troys (1522-23); XX5: Dommaine finissant a la sainct michel mil cinq cens trente neuf (1538-39).

②セーヌ・マリティーム県文書館所蔵、未刊行史料 ADSM: Archives départementales de la Seine-Maritime

高等法院判決集 ADSM série 1B: Parlement de Normandie, 1B301-927: arrêts sur rapport, 1499-1626.

大司教座聖堂参事会議事録 ADSM série G: Archevêché, G2146-2184: délibérations du Chapitre, 1497-1619.

③王令集、刊行済み

Ordonnances des rois de France de la troisieme race, recueillies par ordre chronologique, tomes 1-21, Paris, Imprimerie royale/nationale, 1723-1849.

Antoine FONTANON, *Les Edicts et ordonnances des roys de France depvis S. Loys ivsques à present avec les vérifications, modifications et déclarations sur icellese* Paris chez Nicolas Chesneav, 1580.

④年代記など、刊行済み

F. Noël TAILLEPIED, *Recveil des antiqvite et singvlaritez de la ville de Roven,* Rouen, chez Raphael dv Petit Val, 1587.

Les Triomphes de l'Abbaye des Conards sous le resveur en decimes Fagot Abbe des Conards, concernant les criees & proclamations faites, depuis son aduenement iusques a l'An present. Plus l'ingenieuse Lessiue qu'ils ont Conardement monstree, aux iours gras en L'an M. D. XL. Plus le Testament D'ouinet, de nouueau augmente par le commandement dudit

永井　敦子（ながい・あつこ）
1969年生まれ。札幌市出身。北海道大学大学院文学研究科博士後期課程西洋史学専攻単位取得退学。現在は静岡文化芸術大学文化政策学部国際文化学科准教授。
主要論文：「一六世紀ルーアンにおけるテ・デウム」（『西洋史学』第197号、2000年）、「十六世紀ルーアンの都市行政に関する一考察」（『北大史学』第41号、2001年）、「16世紀ルーアンの都市防衛体制に見る治安行政と祝祭」（『歴史学研究』第813号、2006年）。

十六世紀ルーアンにおける祝祭と治安行政

2011年10月10日　初版第1刷印刷
2011年10月20日　初版第1刷発行

著　者　永井　敦子
発行者　森下　紀夫
発行所　論　創　社
東京都千代田区神田神保町2-23　北井ビル
tel. 03(3264)5254　fax. 03(3264)5232
http://www.ronso.co.jp/
振替口座 00160-1-155266
印刷·製本　中央精版印刷

ISBN978-4-8460-0848-2　C0022　Printed in Japan